좋은 글 쓰세요!

기자의 글쓰기: 실전편

싸움의 기술

일러두기

수필을 제외한 모든 예시문과 사진은 저자가 직접 쓰고 찍었다.

박종인의 장르별 필승 글쓰기 특강

기자의 글쓰기

실전편

박종인 지음

싸움의 기술

와이즈맵

팩트는
신성하다

서문:
전쟁 같은 글쓰기

이 책은 글쓰기 실전 훈련서다. 이론서가 아니다. 글로 승리하는 방법에 대한 전투 교본이다. 읽히는 글, 팔리는 글, 목표를 이루는 글을 만드는 기술이 이 책에 들어 있다. 당신이 쓰는 자기소개서, 대중매체에 기고하는 칼럼, 에세이, 기사, 그 모든 글이 제구실을 하도록 만드는 기술이다. 글쓰기 시리즈 1편인《기자의 글쓰기: 원칙편 – 싸움의 정석》이 총론이었다면 이 책은 실전이다. 훈련장이 아니라 전장이고, 개념 설명이 아니라 실탄 발사다.

《기자의 글쓰기: 원칙편 – 싸움의 정석》에서 내가 말했다. '글은 원칙을 알면 누구나 쓸 수 있다. 원칙을 몰라서 못 쓴다.'
거짓말이 아니다. 우리가 작문법을 제대로 배운 적이 있는가? 없다. 초등학교부터 대학까지, 백일장만 실컷 참가했지 글쓰기를 가르쳐주는 수업은 단 한 시간도 없었다. 나 역시 그랬다. 그래서 기자질 시작하면서 그냥 썼다. 잘못 쓰고 혼나고 고치고 또 쓰면서 배웠다. 글에 대해 무지한 상태에서 기자질을 시작했고 34년을 그렇게 해왔다.

현실이 그렇다. 그래서《기자의 글쓰기: 원칙편 - 싸움의 정석》을 썼다. 30년 영업 기밀을 털어서 작가를 꿈꾸는 독자들에게 내놓았다. 다행히 많은 독자들이 그 책을 통해 독자에서 저자가 되는 모습을 목격했다. 나는 거짓말쟁이가 아니었음을 알고 안심했다.

그리고 이제 실전이다. 총을 쏘는 법을 배웠다면, 전쟁터로 나가야 한다. 글쓰기를 취미로 하는 시대는 끝났다. 지금은 글로 싸워야 하는 시대다. 당신이 쓴 자기소개서 한 장으로 인생이 갈린다. 칼럼 한 편으로 조직 내 위상이 바뀐다. 기획서 하나로 승진이 결정된다. 어떤 사람은 자기 블로그 하나로 작가가 됐다. 어떤 사람은 CEO 연설문 잘 써서 인정을 받았다. 어떤 사람은 책 한 권으로 프로 세계에 데뷔했다. 이제 글쓰기는 살아남기 위한 무기이자 생존 전략이다. 그런 전투 현장으로 당신을 인도하려 한다. 중무장을 하고 살아남는 법을 가르쳐주려 한다.

자화자찬을 하자면《기자의 글쓰기: 원칙편 - 싸움의 정석》은 괜찮은 지침서다. 세상에 없던 작문 영업 기밀을 그 책에 공개했다. 그리고 그 책이 던져준 각종 원칙을 더 세분화해서 이 책을 기획했다. 《기자의 글쓰기: 실전편 – 싸움의 기술》은 애초부터 '실전'을 염두에 두고 만들어졌다. 글쓰기는 만만한 작업이 아니다. 읽고 쓰고 생각하고 고치고 다시 쓰는 반복 훈련이 필요하다. 시간이 필요하다. 체력이 필요하다. 무엇보다 의지가 필요하다.

하지만 현실은 시간도 체력도 의지도 챙길 여유를 주지 않는다. 당장 내일이 마감인데? 다음주가 지원서 마감인데? 중간고사 답안을 공부해야 하고 회장님 칼럼을 내일까지 완성해 보고해야 하는데? 이건 전쟁이다. 그런데 당신은, 글로 싸우는 법을 배운 적이 있는가?

이 책은 그 해답을 담고 있다. 인물에 관한 글, 수필, 기행문, 역사 비평, 칼럼, 인터뷰, 자기소개서까지 각 전투 현장에서 어떻게 원칙을 무기 삼아 승리할 것인가, 그 구체적인 전술을 다뤘다. 국문학 교과서에 나오는 이론적 장르 구분이 아니다. 현실에서 쓰는 글의 '작전 분류'다. 나는 국문학을 배운 적 없다. 앞으로도 그럴 시간도 생각도 없다. 원래 기자는 학문세계와 거리가 멀다.

당신이 쓰는 글은 다큐 같기도 하고, 드라마 같기도 하고, 때로는 뉴스 같고 때로는 시 같다. 수필이라 쓰지만 르포처럼 읽히고, 칼럼이라 썼지만 임팩트가 없다. 왜? 장르마다 요구하는 무기와 기술이 다른데 그걸 모르고 싸우니까. 이 책은 그 무기를 알려준다.

글쓰기는 단순한 서술이 아니다. 목적 달성을 위한 작전이다. 누군가는 자기소개서 한 장으로 회사를 뚫고, 누군가는 칼럼 하나로 여론을 움직인다. 결국 글은 싸움이다. 독자를 설득하고 감동시키고 생각을 바꾸기 위한 전투다. 키보드는 칼이다. 문장은 총알이다. 전선을 장악하려면 여기에 더해서 전략이 필요하다. 독자라는 상대를 정확히 파악하고 장르별로 정확한 무기를 장착해 독자 가슴 속 취약지점을 타격해야 한다. 아무 전략 없이 예쁜 단어와 예쁜 문장을 독자에게 던진다고 그 가슴에 꽂히겠는가. 잘 쓴 글에는 전략과 전술이 있다. 그 총합이 전투력이다.

전투력은 '원칙'에서 나온다. 체화되기 전까지 포스트잇에 써놓고 표어처럼 익혀야 할 원칙들이다. 원칙은 복잡하지 않다. 몇 개 없다. 원칙에 충실하면 단기간에 좋은 글을 쓸 수 있다. 장르마다 조금씩 원칙이 다르다. 예술미가 풀풀 나는 글도 뜯어보면 그 원칙은 예술이 아니라 기술이다. 이 책에 그 원칙들을 정리했다.

시대는 또 변했다. 이제는 글만으로는 부족하다. 우리에게는 새로운 무기가 생겼다. AI와 사진이다. AI는 글쓰기에 가장 영리한 비서다. 제대로 질문하고, 정확하게 요구하면 AI는 초안을 돕고 구조를 짜주고 표현을 정리해 준다. 그런데 글을 쓰는 당신이 AI를 통제할 수 있어야 한다. 어설프면 AI는 작가에게 오발탄을 쏜다.

사진도 마찬가지다. 글은 복잡하지만 사진은 직관이다. 셔터 한 번이 200자 원고지 열 장을 대체한다. 사진은 때로 글보다 무섭고 더 빠르고 더 설득적이다. 이 책에서는 AI와 사진이라는 두 도구 사용법을 비중 있게 다뤘다.

   무엇보다 훈련이다. 이론은 뇌에 남고 훈련은 손에 남는다. 글을 뇌가 쓰나? 뇌한테 손가락이 있나? 책을 천 권 읽어도 직접 한 줄 안 써보면 의미 없다. 글을 뇌가 쓰나? 이 책은 전투 교본이다. 읽고 고개만 끄덕이지 마라. 당장 쓰고 고치고 또 써라. 무기를 알고 전법을 훈련하면 누구나 싸울 수 있다. 글쓰기는 실전에서 완성된다.

   글쓰기는 감성적 작업이 아니다. 기능적 작업이다. 기능은 익혀야 한다. 그래서 각 장에 '전술 요약'과 '실습 과제'를 넣었다. 군대에서는 총기 조작을 반복해서 훈련한다. 이 책에서도 작문 원칙을 반복 훈련한다. 무기 조작 매뉴얼처럼 글쓰기 기술을 숙지하게 만들었다.

   '글재주가 없어서'라는 말은 자학이다. 재주를 부려본 적이 없기 때문에 재주가 없다. 정확하게 말해서 '원칙도 모르고' 글을 써 버릇하다가 재주를 잃어버렸다는 뜻이다. 이제 원칙을 공부하면서 못 쓰는 글을 반복해서 써보자. 어느 날 글이 빛나는 순간이 온다. 그 순간으로 가는 방법을 담았다. 이제 전투를 시작하자.

2025년 여름 박종인

 차례

서문 | 전쟁 같은 글쓰기   7

PART 1
세상 모든 장르를 꿰뚫는 글쓰기

1장
전투에 임하는 자세: 글을 쓰는 몇 가지 원칙들

전투에 임하는 자세: 원칙   22
전투용 기본 무기: 문장   26
작전 수립: 글 설계와 구성   34
확인사살: 퇴고   37

2장
실전의 기술: 영상적 글쓰기와 단면화

초단기 전투력 강화훈련: 영상화   43
실전, 영상적 글쓰기 훈련   50

PART 2
장르별 실전 글쓰기

3장
장르가 바뀌면 무기가 달라진다

인물에 관한 글   68
수필   69

기행문	69
역사 비평	70
칼럼	70
인터뷰	71
자기소개서	71

4장
인생의 한 순간, 인물에 관한 글

예시문 1 땀 증발해 얼굴엔 소금만 남더라 - 공군 장교 김철빈과 발리의 꿈	80
인물 글쓰기의 전술	89
예시문 분석 1 김철빈은 왜 살아났는가	93
예시문 2 서독 막장과 병원에 바친 두 청춘 　　　　- 파독 광부와 간호사 최회석·정옥련 부부	95
예시문 분석 2 공동체로 살아낸 사람들	104
정리: 사람 이야기는	105
실습: 한 사람의 삶을 써보자	106

5장
팩트에서 피어나는 감정, 수필

예시문 1 삶은 홀수다	114
예시문 2 비밀	117
수필의 전술	122
예시문 분석 1 삶은 왜 홀수인가	126
예시문 분석 2 무엇이 비밀인가	127
정리: 수필이 은근하려면	129
실습: 당신이 궁금하다	129

6장
마치 영화처럼, 기행문

예시문 1 작아서 더 큰, 청량산	138
예시문 2 화전민 아내 김영순의 모진 삶	144
예시문 3 모두가 연결된, 아우랑가바드	151

기행문의 전술	157
예시문 분석 주인공을 어떻게 정하고, 문체는 어떻게 조율할 것인가	161
정리: 자고로 기행문은	164
실습: 그곳이 궁금하다	165

7장
의심으로 시작해 사료로 끝내는, 역사

예시문 1 개혁군주 영조의 '내로남불'	173
역사 글쓰기의 전술	181
예시문 분석 1 영조는 왜 스스로 법을 어겼는가	183
예시문 2 괴벨스를 위한 변명	185
예시문 분석 2 억울했던 괴벨스	191
정리: 역사 비평은	191
실습: 신화를 부수는 팩트를 찾아라	192

8장
짧고 매운, 칼럼

예시문 1 고바야시 켄 회장의 경고 - 한국 관광산업의 경쟁력	200
예시문 2 토정비결과 공무원 이지함	203
칼럼의 전술	206
예시문 분석 1 고바야시 켄은 정말 덕담을 했는가	207
예시문 분석 2 이지함이 대한민국을 봤다면	209
정리: 매운 칼럼은	210
실습: 고추장을 발라보자	211

9장
나는 네가 지난 여름에 한 일을 알고 있다, 인터뷰

예시문 그가 국립현충원을 찾은 이유 - 원자력의 아버지 이창건	219
인터뷰 글쓰기 전술	227
예시문 분석 서사로 변한 질문들	230
정리: 그 여름 그들이 한 일을 알고 싶다면	231
실습: 질문으로 글을 만든다	231

10장
나는 브랜드다, 자기소개서

자기소개서의 전술	238
[예시문 분석] 자기 자랑은 정확하고 구체적으로	243
정리: 내 브랜드는	247
실습: 너는 도대체 누구냐	247

PART 3
새로운 전투 무기: AI와 사진

11장
애증의 파트너, AI

왜 AI인가	255
싸움의 기술, 협업: AI 초고를 인간이 검증해 완성한다	256
AI 활용 글쓰기 전술	259
AI는 내 친구	275

12장
글보다 쎈, 사진

사진의 전술	284
전술 1: 구도 - 삼분할의 법칙	286
전술 2: 사람 끼워주기	287
전술 3: 참 중요한, 조리개	290
전술 4: 어떤 때는 중요한, 셔터스피드	292
정리: 어퍼컷 한 방은	294

에필로그 | 보트를 버리자　　　　　　　　　　　297

PART 1

세상 모든 장르를 꿰뚫는 글쓰기

1장

**전투에 임하는 자세:
글을 쓰는 몇 가지 원칙들**

복잡한 원칙은 원칙이 아니다. 원칙은 간단해야 한다. 몇 가지 원칙만 익히면 훌륭한 글을 쓸 수 있다. 그런데 사람들은 원칙 없이 글을 쓰려고 한다. 당연히? 못 쓴다. 상품을 사서 설명서는 쓰레기통에 던져넣는 사람이 있다. 당연히 상품 사용하는 데 고생한다. 거기 사용 원칙이 다 있는데 스스로 버렸으니까. 무엇이 됐건 사용법이 있고, 그 법을 모르면 그 무엇을 쓰지 못한다. 글도 마찬가지다.

이 책에 앞서 냈던 《기자의 글쓰기: 원칙편 – 싸움의 정석》에는 그 원칙이 일목요연하게 정리돼 있다. '박종인식 글쓰기 원칙'이다. 이 장은 그 원칙을 간략하게 정리한 장이다. 각 장르별 전술에 들어가기 전에 반드시 짚고 넘어가야 할 이론 과정이다. 국문학, 국어학 따위 고루한 이야기는 없다. 대신, 실전용 원칙들이다.

전투에 임하는 자세: 원칙

무엇보다 원칙을 알아야 한다. 원칙 없이 하는 작업은 부실 작업이고 결과는 부실 건물이다. 글을 쓸 때 원칙은 뭔가. 세 가지다. 쉽고 구체적이고 짧은 글이 좋은 글이다.

철칙 1: 글은 쉬워야 한다.
철칙 2: 문장은 짧아야 한다.
철칙 3: 글은 팩트(Fact)다. 주장은 팩트, 사실로 포장해야 한다.

좋은 글은 읽기 쉽다. 단어도, 말하려는 논지도 이해하기 쉽다. 좋은 글은 짧다. 필요한 말만 적혀 있다. 문장은 수식어가 없는 단문이고 불필요한 문장도 없다. 그리고 좋은 글에는 팩트가 적혀 있다. 보편타당한 주장, 즉 ~해야 한다/~할 것이다 따위 주장이 아니라 구체적인 사실들이 적혀 있다. 더 구체적으로 보자.

① 좋은 글은 팩트다
'팩트는 신성하다'는 말이 있다. 기자 세계에서 통하는 격언이다. 글은 팩트를 담아야 한다. 주장이 아니라 팩트다. 모든 글은 팩트에 기반을 두어야 한다. 수필을 쓸 때든 연설을 할 때든 논문을 쓸 때든 자기 일기를 쓸 때든 모든 글은 팩트를 써야 한다. 자기가 생각하거나 느낀 감정 혹은 상상만으로 쓴 글은 힘이 없다. '굉장히 아

름답다'라고 쓰지 말고 굉장히 아름다운 이유를 써야 한다. '난리 났다!'라고 호들갑을 떨지 말고 무슨 난리가 났는지 구체적으로 써야 한다. '사실(Fact)'은 '진실(Truth)'과 다른 말이다. 거짓말을 써도 글은 글이며 때로는 훌륭한 글이다. 가장 그럴듯한 거짓말이 바로 소설 아닌가.

② 좋은 글은 구성이 있다

기승전결이 있어야 한다. 글에 파도처럼 굴곡이 있어야 한다는 얘기다. 일직선도 아니고 내리 떨어지지도 않고 점점 가속도를 주면서, 리듬을 타고 흘러가다가 쾅 하고 끝나야 한다.

③ 글의 힘은 첫 문장과 끝 문장에서 나온다

첫 번째 문장만 잘 나오면 그다음 내용들은 저절로 풀린다. 어떤 사람은 첫 번째 문장 하나를 쓰기 위해 이틀을 고민하고서 30분 만에 한 50문장을 완성하고 또 이틀을 걸려서 마지막 문장을 끝낸다. 첫 문장과 끝 문장은 그렇게 중요하다. 사람으로 치면 첫인상이고 뒷모습이다. 글의 시작이 독자로 하여금 그 글을 계속 읽게 만드느냐 여부를 결정한다. 마지막 문장을 읽고서 독자는 그때까지 자기가 들인 시간과 읽은 수고를 생각한다.

④ 좋은 글은 리듬이 있다

비문이 없고 유려하며 품격 있는 글은 조금 훈련하면 다 쓸 수 있다. 하지만 그런 글들 중에도 읽히지 않는 글이 있다. 쉽게 읽히지 않고 읽으면서 계속 막히는 글이 있다. 리듬이 없기 때문이다. 판소리 하나를 완창하는 데 일곱 시간 여덟 시간이 걸린다. 그런데 지루하지가 않다. 판소리 자체, 그 문장 자체에 리듬이 있기 때문이다. 어릴 적 배운 시조에는 리듬이 있다. 3434 3434 3543 이렇게. 그게 한국어가 가지고 있는 대표적인 리듬이다. 또 잘 생각해 보면 한국어 단어들은 대개 세 글자 아니면 네 글자다. 다섯 글자 넘어가는 단어는 별로 없다. 이걸 어떻게 조합을 할 것인가. 한 단어를 앞에 놓고 뒤에 놓고에 따라서 리듬도 달라지고 읽는 맛도 달라진다. 보통 우리는 이 리듬에 대해 큰 고민을 하지 않고 닥치는 대로 쓴다.

글을 자기가 들을 정도로 소리 내서 읽어보면 리듬이 뭔지를 알게 된다. 소리 내다가 읽기가 거북해지고 막히는 대목이 나온다. 그러면 자기도 모르게 앞부터 다시 읽게 된다. 그 문장이 틀린 문장이라는 뜻이다. 품격이 없는 문장이라는 뜻이다. 리듬이 없으면 글을 쓰기 위해 필자가 퍼부은 노력과 읽기 위해 독자가 투자한 노력은 헛수고다. 좋은 글은 작은 소리로 읽었을 때 막힘 없이 물 흐르듯 읽히는 글이다.

⑤ **좋은 글은 입말로 쓴다**

글은 친구한테 재미난 얘기를 해주듯이 써야 한다. 제일 좋은 글은 술자리에서 혹은 차를 마시며 친구들과 쑥덕대는 바로 그 형식 그대로 쓴 글이다.

여러 사람이 모인 자리에서 우리는 주목받기 위해 얼마나 많이 노력하는가. 머릿속에서는 뭐부터 얘기하면 더 재미있게 말을 할 수 있을까, 별의별 궁리를 하면서 말을 하게 된다. 그런 과정을 거쳐 나온 말을 그대로 글자로 기록하면 글이 된다.

말과 글은 다르다고 생각하는 사람이 많다. 말은 그냥 하면 되고 글은 품격이 있어야 하고 무게가 있어야 한다고 생각한다. 그러니 단어도 딱딱해야 한다. 그러니 글에 재미가 사라진다. 술자리 쑥덕공론을 그런 글로 옮기니 재미가 없을 수밖에 없다. 단어도 고상하게 바꾸고 이야기 순서도 바꾼 이도 저도 아닌 무감동 무반응 조합으로 끝나버린다.

글은 문자로 옮긴 말이다. 사라져버리는 말이 아까워서 문자로 옮기니 글이 된다. 재미있게 들은 말은 재미있게 쓰고 슬프게 들은 이야기는 슬프게 옮겨 적는다. 그 뉘앙스와 그 분위기까지 다 옮기는 게 좋은 글이다.

⑥ 좋은 글은 단순하다

좋은 글은 수식이 없다. '굉장히 좋다', '너무너무 기분 나빴다', '너무너무 기분 좋았다'라고 쓰지 않는다. '너무'나 '굉장히'나 '매우'가 문장에 들어가면 거추장스럽다.

⑦ 좋은 글은 궁금함이 없다

많은 사람들은 여운이 남는 글을 좋아한다. 그래서 책을 덮고 먼

산을 보며 이제 막 읽은 글을 되짚어보고 싶어 한다. 의욕적으로 쓴 글은 항상 '말줄임표'로 끝나 있다. 틀린 글이다.

글은 궁금함이 없어야 한다. 철칙이다. 여운을 남기고 싶다고 해서 말줄임표로 끝내버리면 안 된다. 독자들은 결말이 궁금하다. 그런데 글이 끝나버려 물어볼 방법이 없다. 범인을 밝히지 않고 끝나는 탐정소설을 상상해 보라. 얼마나 짜증나는 글인가. 여운이 남는 글은 오히려 명확하다. 그래서 여운이 남고 감동이 남는다.

전투용 기본 무기: 문장

글은 문장으로 주장 또는 팩트를 전달하는 수단이다. 좋은 글은 리듬 있는 문장으로 팩트를 전달한다. 리듬 있는 문장은 입말이다. 입말로 리듬 있는 문장을 쓰는 기술은 다음과 같다.

① 한국말의 외형적인 특성 활용

한국말은 주로 세 글자와 네 글자로 구성돼 있다. 기초생활용어는 한 글자, 한 음절짜리 단어가 많다. '너', '나', '해', '달' 따위가 그 예다. 다섯 음절을 넘는 단어는 많지 않다. 시조 또한 한 마디 강조를 하거나 절제를 뛰어넘고 싶을 때 다섯 음절짜리 단어를 사용해서 3543으로 넘어간다. 하지만 대개 우리들이 쓰는 말들은, 보라, 지금 다 2-3-4다.

서당 훈장님이 천자문을 가르칠 때는 언제나 머리를 까딱까딱 흔들면서 하늘 천 따 지 하고 읽는다. 그런 리듬이 한국말에 있다. 문장을 리듬 있게 쓰려면 바로 이 한국말 특성을 이용하면 된다. 그냥 막 써도 한국말은 운율이 맞다. 하지만 문장 속 단어를 이리저리 순서를 바꾸거나 단어 자체를 바꿔보면 어느 순간 '이게 더 읽기 쉽네' 하는 순서와 구성이 나온다.

문장을 쓰고, 주어 부사어 목적어를 바꾸거나 글자 수를 줄여본 뒤 '소리를 내서' 읽어본다. 읽기 거북하다고 느껴지거나 리듬감이 더 있는, 다시 말해서 더 쉽고 빠르게 읽히는 문장이 드러난다. 낭독 과정을 거치면 물처럼 읽히는 문장을 발견할 수 있다. 당연히 더 쉽게 읽히는 문장을 선택해야 한다.

② 수식어 절제

수식어를 얼마만큼 절제해서 쓰느냐에 따라서 문장에 리듬이 생긴다. 수식은 '꾸민다'는 말이다. 뒤집어서 말하면 불필요하다는 뜻이다. 꾸미지 않은 순수한 얼굴, 독자들은 그 얼굴을 원한다. 뼈대가 온전하게 조립된 상태에서 맛을 위해 수식어를 쓴다. 골다공증 걸린 뼈에 살만 뒤룩뒤룩 찌우면 그 글은 부서지고 무너진다. 아무리 꾸민들 원본이 문제가 있다면 무슨 소용이 있는가. 기본적인 뼈대와 기본적인 외형이 리듬에 맞아 있어야 나중에 뭐 하나를 집어넣어도 그게 장식이 된다. 글에서 기본적인 뼈대와 외형은 바로 팩트다.

③ '의' 자와 '것' 자 절제

'의'와 '것'은 문법적으로는 틀리지 않다. '의' 자를 써도 맞고 '것' 자를 써도 맞다. 그런데 이상하게도 의와 것을 남발하면 리듬이 끊어진다. 쓸 때는 모르지만 두 글자를 안 쓴 문장과 쓴 문장을 비교하면 명확하게 알 수 있다.

- 금강산에서 남쪽으로 내려오는 물건은 해안면 장터에 모였다.
- 금강산에서 남쪽으로 내려오는 물건은 해안면의 장터에 모였다.

두 문장을 작은 소리를 내서 읽어본다. 앞 문장은 5-4-4-3-6(3+3)-3, 뒤 문장은 5-4-4-3-4-3-3이라는 음절로 우리는 읽는다. 다시 말해서 '해안면 장터에'는 한 단어로, '해안면의 장터에'는 '해안면의'와 '장터에'라는 독립된 두 단어로 읽는다. 이 차이다. '것' 자도 마찬가지다.

- 설에는 친가 친척들이 놀러 왔지만 제사 준비는 어머니 몫이었다.
- 설에는 친가 친척들이 놀러 왔지만 제사 준비를 하는 것은 어머니의 몫이었다.

'제사 준비를 하는 것은'과 '제사 준비를'은 다른 사람이 쓴 글처럼 작법이 다르다. 산술적으로 네 글자가 길거나 짧고, 소리 내서 읽을 때도 리듬감이 차이가 난다. '제사 준비를 하는 것은'이라는 문장은 리듬이 늘어진다. '어머니 몫이었다'는 한 어절로 읽히고 '어머니의 몫이었다'는 두 어절로 읽힌다.

말을 할 때 '우리집'이라고 하지 '우리의 집'이라고 하는가. '의'만큼은 아니지만 '것' 또한 우리 일상 대화에서는 그리 자주 쓰는 단어가 아니다. 그런데 이 '의'도 '리듬'상 필요할 때에는 쓴다. 단어 음절이 '의'가 들어가면 전체 리듬에 맞을 때 쓴다.

'것'도 써야 할 때가 있다. '추정할 때' 쓴다. '1 더하기 1은 2다'라고 쓰지 '1 더하기 1은 2일 것이다'라고 쓰는 사람은 없을 '것'이다. 이 앞 문장에서 '일 것이다'와 '없을 것이다'는 추정이다. 1+1을 2로 추정하는 사람은 틀림없이 없다고 장담하지만, 그래도 이를 모르는 사람이 있을 테니까 '없을 것이다'라고 썼다. 그리고 '강조할 때' 쓴다.

- 이 사람이 파출소에 들어가서 권총을 훔쳤다는 것이다.
- 사람이 개를 물었다는 것이다.

④ 입말과 리듬

'의'와 '것' 사용을 절제하자는 원칙은 '입말로 쓰기'라는 원칙에서 나온다. 글은 무조건 입말이다. 왜? 말을 문자로 옮기면 글이 되니까. 글이란 문자로 기록한 말이니까.

우리가 대화를 할 때 쓰는 단어를 생각해 보자. 우리가 언제 친구랑 얘기하면서 '북한의', '서울의'라고 한 적이 있는가. 없다. '의'도 잘 쓰지 않고 '것'도 잘 쓰지 않는다.

　이 장에서 배워야 할 원칙은 리듬과 팩트다. 글은 리듬 있는 문장으로 팩트를 전달하는 수단이다. 리듬 있는 문장으로 팩트를 전달하는 가장 기초적인 원칙은 입말이다. 말을 글자로 기록하면 글이 된다고 했다. 당연히 문장은 입말로 써야 한다. 입말을 벗어난 단어와 논리는 자연스럽지 않다. '의' 자와 '것' 자는 안타깝지만 글이라는 세계에서는 버려야 하지 않나, 라는 생각이 든다.

　글을 쓰다가 막히면 취재 당시를 생각하면서 입으로 말을 해보라. 그게 바로 글이다. '취재 당시를 떠올리라'는 말은 누구로부터 소재가 되는 얘기를 들었을 때 혹은 소재가 되는 경험을 했을 때를 생각해 보라는 말이다. 얘기를 들었을 때 그 사람이 얘기한 내용을 생각해 보거나 그때 뭐라 그랬지, 머릿속에서 자문자답하게 된다. 그 사람 뭐라 그랬지 뭐라 그랬지 뭐라 그랬지. 아 그래 맞아 맞아 맞아. 그럼 그 순간 머리에 생각나는 대로 써보라. 그게 바로 글이다.

　여기서 짚고 넘어가야 할 표현이 있다. '하였다'와 '했다'다.

　우리가 말을 할 때는 '했다'라고 한다. 그런데 글을 쓸 때는 꼬박꼬박 '하였다'라고 쓴다. 어느 게 틀리고 옳고 문제가 아니다. 리듬에 맞춰 선택할 문제다. '됐다'를 고집할 이유도 '되었다'를 고집할 이유도 없다. 읽을 때 더 맞는 표현을 고르면 된다. 하지만 우리 주변에 '하였다', '되었다'라고 말하는 사람이 있나? 글을 쓰는 기준을 입말로 삼는다고 한다면 그런 기준에서는 '했다', '됐다'가 더 맞다.

다만 소리 내서 읽었을 때 '하였다'가 더 리듬감이 있다면 그때는 하였다, 라고 적으면 그만이다.

⑤ 단문과 리듬

리듬 있는 문장을 쓰려면 단문이 좋다. 짧은 문장이 좋다. 짧은 문장이 원칙이다. 문장 하나하나가 짧으면 그 전체 글에 리듬이 자동적으로 생긴다. 리듬이 있다면 문장이 길어도 상관이 없다. 예를 들어서 100글자짜리, 50단어짜리 한 문장이 있다고 치자. 어떤 사람이 쓴 이 긴 문장은 읽기에 숨이 차다. 하지만 어떤 긴 문장은 저절로 거침없이 읽힌다. 비결은 리듬에 있다. 짧은 글, 짧은 문장을 쓰라고 얘기하는 궁극적인 목적은 리듬 있는 문장을 만들기 위해서다. 만약 긴 문장을 썼을 때도 리듬이 있다면 단문이 아니어도 상관이 없다는 얘기다. 대표적인 글이 판소리다. 판소리 완판본에는 심지어 마침표도 하나 없다. 처음부터 끝까지 쫘악 뭐 했고 했노라 어쩌고저쩌고 막 나간다. 그래도 읽힌다. 리듬이 있으니까. 하지만 판소리 리듬은 수 세대 동안 수많은 필자들이 첨삭을 해서 완성한 리듬이다. 시장 바닥에서 판소리 관중이 즐겨 찾는 리듬이 그 긴 첨삭 과정에서 완성돼 있다. 그런 긴 시간을 두고 우리가 글을 쓰고 고칠 수는 없다. 따라서 기본 원칙은 단문이다.

문장은 레고다. 기본적으로 잘라서 써먹을 수 있는 요소들이 많아야 한다. 그래야 이 문장을 이때는 이걸 붙여볼까, 저 때는 저걸 붙여볼까 하고 많은 궁리를 할 수 있다. 처음에 시작을 할 때, 아니면 나중에라도 단문으로 글을 쓰면 좋다. 그 단문들을 요렇게도 붙여보고 저렇게도 붙여서 장문을 만들어보면 리듬을 가질 수 있는 장문도 가능하다.

단문은 이렇게 확보한다. 첫째, 수식어를 쓰지 않는다. 필요할 때에만 수식어를 쓴다. MSG는 조금씩 치면 맛이 있지만 많이 뿌리면 식재료가 가지는 고유한 맛은 사라지고 질소 성분 가득한 조미료 맛만 남는다. 둘째, 관절 부분을 잘라낸다. '관절'이란 긴 문장에서 쉼표 혹은 접속 어미(~고/~며 등)로 나뉘는 부분을 말한다. 이들 접속 어미와 쉼표 부분을 '~다'로 고치고 마침표를 찍어본다. 고치고서 다시 소리 내서 읽으면 뜻밖에도 늘어져 있던 문장에 리듬감이 살아난다.

- 그 카메라는 책상에서 몇 번이나 떨어뜨려도 멀쩡했고, 무겁지도, 크지도 않았으며, 사용법도 간단했다.
: 그 카메라는 책상에서 몇 번이나 떨어뜨려도 멀쩡했다. 무겁지도 않았다. 크지도 않았다. 사용법도 간단했다.
- 스니커즈는 바닥이 고무로 되어 있어 발자국 소리가 잘 들리지 않아 살금살금 걷는 사람이라는 의미가 담겼는데 남편에게 딱 어울린다. 평소 말은 많지만, 큰 소리를 내지 않는 남편의 성격과 닮았다.
: 스니커즈는 바닥이 고무다. 발자국 소리가 잘 들리지 않는다. 그래서 살금살금 걷는 사람이라는 뜻이 담겨 있다. 남편에게

딱 어울린다. 말은 많지만 큰 소리를 내지 않는 남편 성격과 닮았다.

⑥ 상투적인 표현-사비유 금지

외형적인 리듬보다는 내용적인 얘기다. 사비유는 죽은 비유를 뜻한다. 처음에 그 표현을 만든 사람은 주변 사람들한테 칭찬을 받았겠지만 이제는 개나 소나 다 알고 있는 표현을 혼자 알고 있는 것처럼 얘기하네, 라는 반응이 나올 듯한 표현들을 총괄해서 하는 말이다.

'절대로' 사비유는 쓰지 않는다. 사비유가 인용된 문장을 읽는 순간, 독자는 그 이후 문장을 읽기 싫어진다. 수식어 없이 단문으로 속도감 있게 달려가던 글이 고무줄 끊기듯 끊어지고 긴장감이 실종된다.

- '~해서 화제다'
- '불 보듯 뻔하다'
- '잔잔한 감동을 불러일으키고 있다'
- '~해서 감회가 새롭다', '~해서 상기된 표정이다'
- '~해서 진땀을 흘렸다', '~해서 눈길을 끌었다'

자아비판을 하자면 많은 기자들이 글공부를 하면서 글을 쓰지 않는다. 그냥 선배들이 일러준 스타일 그대로 계속 글을 쓰게 된다. 그러다 보니 일제 시대 신문을 봐도 '불 보듯 뻔하다'가 나오고 '~해서 화제다'가 나온다. 그 표현들이 100년 넘도록 무비판적으로 쓰이고 있다. 세상도 발전하고 우리들 글 문화가 넓어지고 깊어졌으니 이제는 쓰지 말아야 할 낡은 표현들이다.

작전 수립: 글 설계와 구성

글은 문자로 옮긴 이야기다. 글이 재미있으려면 이야기하듯 쓰면 된다. 할머니가 해주던 옛날이야기나 술자리에서 술을 마시면서, 친구와 전화 수다를 떨면서, 아니면 웃고 떠들면서 한 이야기를 그대로 문자로 옮기면 글이 된다. 글은 글이고 말은 말이다 하고 다르게 생각을 하게 되면 글은 쓰기가 어려워진다. 그런 마음가짐으로 쓰면 글 자체도 어려워진다. '이야기'가 갖는 특징은 명확하다. 원숭이 똥구멍을 백두산으로 만드는 것이다.

'원숭이 똥구멍'은 우리 모두 어릴 때 불렀던 원초적인 랩이다. 원숭이 똥구멍이 왜 백두산인지를 글에서 증명해야 한다. 얘기하고 싶은 주제가 '원숭이 똥구멍은 백두산'이다. 그런데 첫 문장에 '원숭이 똥구멍은 백두산이다'라고 써버리면 더 이상 글을 진행할 수가 없다. 더 얘기할 소재도 없고 독자에게 똥구멍이 왜 백두산인지 설득할 수도 없다.

자, 원숭이 똥구멍은 빨개. 빨가면 뭐야, 사과야. 사과는 뭐야, 맛있지. 맛있는 건 바나나야. 바나나는 길지? 긴 건 기차, 그런데 기차는 빨라. 빠른 건 비행기야. 비행기는 높지, 높은 게 뭐야, 그래서 원숭이 똥구멍이 백두산인 거야.

독자들이 어어어 하고 읽다 보니까 원숭이 똥구멍이 백두산이 돼 버렸다. 이렇게 주제를 설득하는 과정이 글이다. '원숭이 똥구멍=백두산'이라고 얘기하는 게 아니라 스토리를 풀어나가는 게 글이다.

원숭이 똥구멍부터 백두산까지 수식어가 단 하나도 없고 주어와 술어밖에 없다. 수식어 없이 맹맹하다. 하지만 이 랩을 처음 들은 애들은 얼마나 재미가 있었을까. 아이들이 좋아하는 똥구멍 얘기가 나오지, 얘기가 끝없이 이어지지, 군말 없이 순식간에 백두산까지 가버리니 아이들은 1초 만에 이 랩을 외우고 다른 독자에게 이 글을 전파하게 된다. 우리가 쓰는 글은 이 리듬감을 타고 수식어 없는 단문으로 독자들에게 설득력 있는 논리를 펴는 글이다.

① 내용은 팩트로 가득 채운다
② 팩트로 가득 채운 내용을 리듬감 있는 형식으로 전달한다
③ 명확한 주제를 위해선 아까운 팩트라도 곁가지는 희생시킨다
④ 의미상의 흐름을 따라 글을 배치한다

원숭이 똥구멍 다음에 사과가 나와야지 바나나가 나오면 안 된다. 백두산이 바로 나오면 더 안 된다. 바로 이 맥락이 의도한 대로 흘러가도록 문장, 문단, 글덩어리를 배치해야 한다.

간단하게 말하면 기승전결은 기-승-전-결로 이어져야 한다.

기-전-승-결이 되면 안 되고 기-결-전-승이 돼도 안 된다. 중간에 바윗돌이 있으면 물줄기가 바뀐다. 물이 잘 흘러가야 하는데, 갑자기 큰 바윗돌이 나타나 물이 갈라져서 양쪽으로 새게 되면 물살 힘도 떨어지고 흘러가는 재미도 없게 된다. 독자들은 발원지에서 바다까지 거침없이 흐르는 글을 원한다. 자기가 쓴 글이 그런 거침없는 글인지 궁금하다면, '원숭이 똥구멍-사과-바나나-기차-비행기-백두산'에 자기 글을 대입해 보라.

⑤ 반드시 설계도에 따라 시공한다

아까운 에피소드지만 주제와 무관하면 쓰지 않는다. 글을 쓰다가 막 생각나는 사실을 덧붙이면 흐름이 끊긴다. 아까운 이야기, 아까운 에피소드지만 주제와 무관한 이야기면 쓰지 않는다. 오로지 설계도에 따라 시공한다. 설계를 미리 해놓지 않으면 자꾸 머리에서 생각나는 대로 쓰게 된다. 아, 이런 일이 있었지 하고 글 중간에 완성된 문장을 삽입해버리면 설계도에서 멀어진 글이 나오게 된다. 그때는 뜯어고치기 어렵다. 원래는 이렇게 설계돼 있던 집이 저렇게 완성돼 있다. 그런데 이게 예뻐 보인다. 예쁘기만 할 뿐, 사람이 살지는 못할 집이다. 고치려 해도 늦었다. 나중에 고치지 뭐 하고 염두에 두고서 쓴다고 해도 그때는 고칠 수가 없게 된다. 글을 쓰는 과정에서 뭐가 생각난다든지, 다른 자료를 뒤져서 뭔가 새로운 게 나왔다든지 하면 따로 옆에 빼놨다가 글을 완성한 뒤 그 에피소드를 집어넣을 곳을 찾아라. 싫다면? 글을 완전히 허물고 설계도를 다시 그려라.

확인사살: 퇴고

글쓰기 과정은 퇴고가 마무리다. 퇴고는 글을 다시 읽고 수정하는 과정이다. 우리는 일필휘지로 멋진 글을 쓰는 천재가 아니다. 글은 수정 과정에서 완성된다. 아무리 설계를 하고 글쓰기를 했다고 하더라도 그 글은 상품으로 내놓기에는 거친 면이 많다. 흠집은 사포질을 해서 없애야 하고 각이 나오지 않은 뭉툭한 모서리는 날카롭게 깎아내야 한다. 퇴고 직전 과정까지 거칠게 남아 있던 글, 초고(草稿)는 퇴고를 거치면서 상품으로 탈바꿈한다. 이 과정에서 앞서 말한 모든 원칙들에 대한 재점검 작업이 이루어진다.

① 글을 끝내고서 30분을 쉬었다가 조그맣게 소리 내서 읽어본다.
② 다시 읽는 과정에서 장식적 요소를 덜어낸다. 수식어를 덜어내고 문장에서는 뼈대만 남기고 살은 과감하게 없애본다. 부사어와 관형어 같은 수식어를 줄이고 내용에서는 주제와 상대적으로 거리가 먼 부분부터 없애본다. 한 문장씩 토막내 단문으로 만들 부분은 없는가도 점검한다.
③ 주제 관련된 팩트, 사실을 채워서 보충한다. 동시에 내가 쓰지 못한 팩트는 없나 점검한다. 보충할 팩트가 있으면 채워 넣는다.
④ 쉬었다가 다시 읽고 고치는 과정을 반복한다.
⑤ 비로소 글이 완성된다.

※ 더 자세한 내용은 《기자의 글쓰기: 원칙편 - 싸움의 정석》에서 확인할 수 있다.

요점 정리

1. 글은 쉬워야 한다.
2. 문장은 짧아야 한다.
3. 글에는 팩트를 담아야 한다.
4. 좋은 글에는 구성, 기승전결이 있다.
5. 글의 힘은 처음과 마지막 문장에서 나온다.
6. 좋은 글은 리듬이 있다.
7. 좋은 글은 입말로 쓴다.
8. 좋은 글은 단순하다.
9. 좋은 글은 궁금한 점 없이 명쾌하게 끝난다.

2장

실전의 기술:
영상적 글쓰기와 단면화

초단기 전투력 강화훈련: 영상화

글을 구성하는 기본 요소는 팩트다. 글에 낯선 사람들은 자기가 관찰했거나 경험한 사실들을 글로 옮기는 작업을 어려워한다.

표현력을 익히는 가장 좋은 방법은 독서다. 독서는 어휘를 늘려주고, 세상을 보는 관찰 능력을 키워준다. 좋은 문장을 만나고 좋은 장면을 머릿속에 저장하다 보면 글쓰기 실력이 자연스럽게 올라간다. 문제는 '자연스럽게'라는 말이다. 독서는 장기전이다. 오늘 100페이지를 읽었다고 내일 문장이 갑자기 좋아지지는 않는다. 책을 많이 읽었지만 여전히 글을 못 쓰는 사람도 있다. 책은 읽되 글은 늘지 않는다.

그렇다면 글을 빠르게 끌어올릴 수 있는 방법은 뭘까? 바로 '영상적 글쓰기', 곧 시각화다. 글을 '보이게' 만드는 것이다. 사람은 소리를 통해 이해하지 않는다. 이미지로 이해한다. 장면이 머릿속에 그려지는 글은 강력하다. 짧아도 좋다. 어휘력이 달려도 괜찮다. 문법이 완벽하지 않아도 상관없다. 그럴듯하게 잘 쓴 글보다 '영상이 보이는' 글이 독자 마음에 오래 남는다.

말로 된 설명은 금세 잊힌다. 이미지로 각인된 문장은 생명이 길다. '그는 슬펐다'는 문장은 다음 줄로 넘어가면 사라진다. 하지만 '그가 구두 한 짝만 벗은 채 바닥에 주저앉아 있는 장면'은 뇌리에 남는다. 독자는 그 사람을 기억하게 된다. 감정을 말하지 않고 감정을 전달하기. 시각화된 글이 가진 위력이다.

시각화는 화려한 문장을 뜻하지 않는다. '묘사'가 핵심이 아니다. 핵심은 '한 컷'만 잘라내는 능력이다. 단면화 능력이다. 장면 하나로 인물과 감정을 압축할 수 있어야 한다. 독자가 한 문장을 읽고 머릿속에 '이미지 한 장'을 떠올리면 성공이다. 사진을 생각해 보라. 잘 찍은 사진 한 장은 잘 쓴 글 한 페이지보다 더 감정적이고 강력하다. 역으로, 그 사진을 글로 묘사해 보라. 거기에는 '아름답다', '슬프다' 따위 감탄하는 어휘가 들어갈 수 없다.

그렇다면!

어떻게 그런 글을 쓸 수 있을까? 감정을 말하지 않고 보여주는 법, 수식어를 걷어내고 장면으로 말하는 법, 설명을 줄이고 단면을 자르는 법. 도대체 어떻게?

긴 시간 독서를 하면 얻을 수 있다. 읽은 책을 정리하고 명문을 베껴 쓰고 메모하면 언젠가는 획득할 수 있는 기술이다. 그런데, 우리는 시-간-이-없-다. 짧은 시간에 남에게 보여줄 글을 내놔야 한다. 내 글을 순식간에 업그레이드시킬 그 방법을 알아본다. 이 또한 훈련을 통해 체화하면 독서 못지않게 강력한 작문 무기로 변할 수 있다.

> **핵심 정리**
> **포인트**: 감정을 쓰지 않는다. 감정을 '보여준다'.
> **핵심 무기**: 단면 묘사, 시각적 장면화, 강한 한 컷.
> **전략**: 전체를 말하지 말라. 장면을 토막토막 잘라서 전부를 말하게 만든다.

아랫글을 읽어보자. 가급적 작게 소리를 내서 읽어보자.

어부의 집

다리 아래에는 길 두 줄기가 평행으로 나 있다. 왕복 일방통행길이다. 다리 왼쪽으로는 황량한 칠면초와 함초 초원이 펼쳐져 있다. 껍질을 드러낸 갯벌 위를 붉은 함초와 칠면초가 뒤덮었다. 풀밭은 아득하다. 저어새 같은 희귀조들이 그 밭에서 목격된다. 길 끝 초원 한가운데에 원두막이 서 있다. 벽 없는 집, 기둥과 지붕만 있는 집이다. 사람이 없어 용도는 물어보지 못했다. 지평선에 떠 있는 그 집, 낭만적이며 고독하다. 집이 보일 무렵 길이 오른쪽으로 비껴나가고 그 길 끝에 어부가 사는 집이 나온다. 집은 누렁이와 뚱보와 그 친구 이렇게 개 세 마리가 지킨다. 갯벌은 호화롭다. 누워 있는 목선, 선착장으로 난 작은 돌길과 그 끝에 놓인 신발 한 켤레, 그 옆에 서 있는 깡마른 나목 숲이 보인다. 나목 숲은 잡은 물고기를 꿰어놓고 말리는 덕장이다. 따가운 바다 햇볕에 풍경이 녹는다. 트럭 오가는 황톳길 끝에 이런 비현실적인 풍경이 있다니. 그 풍경에 홀린 외지인들이 어부네 집을 제집처럼 휘젓는 바람에 속이 상할 때도 있다. 덕장 앞에서 포즈를 취하라고 머슴 부리듯 구는 작가님들, 가재도구를 이리저리 맘대로 옮겨놓고 카메라 셔터를 눌러대는 사진가님들이 얄밉고 이해가 가지 않는다. 어부가 말하길, 촬영을 다 마친 그들이 이렇게 묻는 것이다.

"갯벌이 어디예요?"

이 비현실적인 풍경마저 시시하게 만드는 초현실적 공간이 운염도에 숨어 있다.

장면이 떠오르지 않는가. 문자로 표현했을 뿐, 이 글은 카메라 시각을 따라 독자를 끌고 가는 영상이다. 그렇게 느껴지는 이유는 이러하다.

1. 장면 중심 서술: 설명 없이 '보여준다'
- '다리 아래에는 길 두 줄기가 평행으로 나 있다. 왕복 일방통행 길이다.'

: 독자에게 '도로가 어떤 방식으로 나 있는지'를 시각적으로 그리게 만든다. '일방통행길', '두 줄기' 같은 구조 묘사는 마치 카메라 드론으로 내려다보는 장면처럼 구성돼 있다.

2. 디테일하게 축적된 시각 정보: 장면을 연속적으로 보여주기
- '황량한 칠면초와 함초 초원이 펼쳐져 있다.'
- '길 끝 초원 한가운데에 원두막이 서 있다. 벽 없는 집, 기둥과 지붕만 있는 집이다.'
- '누워 있는 목선, 선착장으로 난 작은 돌길과 그 끝에 놓인 신발 한 켤레.'

: 독자는 한 컷 한 컷 따라가며 풍경 속을 걷듯이 '본다'. 시점을 따라가며 구성한 이 연속성은 영화나 드라마 카메라 워킹과 유사하다.

3. 상징적 디테일 활용: 감정은 없-는-데 감정이 느-껴-진-다
- '그 옆에 서 있는 깡마른 나목 숲이 보인다. 나목 숲은 잡은 물고기를 꿰어놓고 말리는 덕장이다.'

: 외로움, 고단함, 고요, 생의 질감을 강하게 느낄 수 있다. 감정을 직접 쓰지 않고도 감정을 유발하는 서술이다.

4. 반전과 리듬의 구성: 감정적 고저를 영상처럼 설계
- '지평선에 떠 있는 그 집, 낭만적이며 고독하다.'
- '그 풍경에 홀린 외지인들이 어부네 집을 제집처럼 휘젓는 바람에 속이 상할 때도 있다.'

: 정적인 풍경이 외지인 침입으로 리듬이 꺾인다. 이러한 구성은 정적인 컷에서 움직이는 컷으로 영상이 바뀌고 대사가 삽입되는 3단 영상편집 구조와 유사하다.

5. 함정: 뭉뚱그리지 마라
장면은 뭉뚱그리면 안 된다. 뭉뚱그린 글은 불량품이다. 보이는 풍경, 취재된 재료를 당근이나 녹각편 썰듯이 조밀하게 잘라내 재구성해야 한다. 글이 뭉뚱그려진 이유는 명백하다. '뭉뚱그려야 한다'고 생각하거나 아니면 부실취재. 앞에 나와 있는 운염도 글을 '장면의 단면화/영상화' 원칙 적용 없이 '뭉뚱그려서 쓰면' 이렇게 변한다.

'어부가 사는 운염도의 집은 외딴 풍경 속에 있다. 집으로 가는 길은 한적하고 갯벌과 초원이 펼쳐진다. 길 끝에는 원두막과 덕장이 있으며, 주변에는 나목 숲과 목선이 있다. 그 풍경은 고즈넉하고 비현실적인 분위기를 자아낸다. 외지인들은 이 독특한 공간에 매료되어 찾고, 때로는 무례한 행동으로 어부에게 불쾌감을 주기도 한다. 운염

도는 자연과 인간의 삶이 맞닿은 특별한 공간이다.'

삶이 보이나? 섬이 보이나? 이렇게 바꾸면 아무것도 보이지 않는다. '외딴 풍경', '고즈넉함', '비현실적인 분위기', '무례한 외지인' 모두 이미지 없는 개념어다. 원래 글은 한 장면 한 장면이 카메라 워킹처럼 따라붙고, '신발 한 켤레', '뚱보와 그 친구', '벽 없는 원두막', '함초 초원', '갯벌에 누운 목선' 등 강한 이미지가 연쇄적으로 '출현'하면서 독자를 인도한다. 정리해 보자.

① **영상적 글쓰기**: 장면 중심 서술, 시각 정보의 축적, 감정 없는 감정 전달, 리듬 구성 네 가지가 이 글의 구성 방식이다.

② **장면 중심 서술**: 독자는 작가가 본 그 장면이 궁금하다. 포괄적 정리는 독자가 한다.

③ **시각적 디테일의 축적**: '붉은 함초 칠면초가 펼쳐진 초원', '벽 없는 집, 기둥과 지붕만 있는 집', '신발 한 켤레, 그 옆의 나목 숲'이 한 장면씩 줌인되며 이미지가 누적된다.

④ **감정 없는 감정 유도**: 이 글에는 감정을 노출하는 단어가 '속이 상하다'밖에 없다. 그런데 독자는 감정을 느낀다. 장면을 통해서.

⑤ **리듬과 반전**: 영상적 글쓰기 구성요소는 문장이 아니라 '컷'이다. 정적 풍경 〉외지인 침입 〉대사 삽입 〉감정의 고조 〉초현실적 반전 구조로 영상처럼 흘러간다. 독자 뇌에 남는 흔적은 요약이 아니라 이미지다.

어려워 보이는가. 아니다. 생각만큼 어렵지 않다. 훈련만 하면 된다. 단, 머릿속 시뮬레이션이 아니라 진짜 글을 써보면 된다.

실전, 영상적 글쓰기 훈련

1. 감정을 쓰지 마라 - 감정은 문장이 아니라 장면이다

슬펐다. 감격했다. 충격이었다.

이런 문장은 글이 아니라 감정의 보고서다. 독자 머릿속엔 아무 이미지도 남지 않는다. 글을 쓴 필자로부터 누군가의 감정을 전달받지만, 망각한다. 진짜 감정은 직접 말하지 않고, 드러난다. 장면을 통해 감정을 대신 말해주는 연습을 해본다.

- '눈물이 났다.' 〉 '그는 말없이 커피잔을 두 손으로 감쌌다. 손끝이 떨렸다.'

독자는 장면을 통해 감정을 느끼고 감정을 통해 기억하게 된다. 감정을 숨길수록 감정은 강해진다. 아름다운 표현, 극적 어휘 같은 표현에 관한 기술은 다음 문제다.

2. 수식어 없는 주어와 술어 - 그려지는 글을 써라

'촉촉하고 아련한', '따사롭고 비릿한' 같은 수식어는 예쁘다. 독자 머릿속에 남는 장면은 없다. 말은 많은데 그림이 없다. 이미지가 그려지는 문장은 주어와 서술어로 짜여 있다. 실제 사물, 실제 움직임이 있어야 장면이 감성으로 변한다.

- '고요한 밤이었다.' 〉 '길 건너 선술집 문이 닫히는 소리만 들렸다.'
- '그녀는 슬펐다.' 〉 '그녀는 찻잔을 든 채 입술을 떼지 못했다.'
- '아버지는 지쳐 있었다.' 〉 '플라스틱 의자 등받이에 아버지 점퍼가 흘러내려 있었다. 아버지는 미동도 하지 않고 깊게 숨을 쉬었다.'

문장 품격 문제가 아니다. 이미지가 없으면 문장은 죽는다. 이미지가 움직여야 한다.

3. 단면 묘사 - 전체를 말하지 말고 한 컷으로 보여줘라

글에서 가장 강한 표현은 '줌인'이다. 전체가 아니라, 하나의 단면을 보여주는 것이다. 사람은 모든 풍경을 기억하지 않는다. 기억에 남는 건 언제나 한 장면, 한 이미지, 한 순간이다. 뭉뚱그리지 마라. 모든 풍경과 감성은 모두 단면들로 구성돼 있다. 그 단면들 가운데 인상적인 컷을 끄집어내서 거기에 감성을 실어라.

- '현관문을 닫았다. 문이 닫히기도 전에 그는 구두 한 짝만 벗고 바닥에 주저앉았다.'

이 한 문장에 인물이 가진 상태, 피로, 절망, 무게가 들어 있다. 단면 묘사는 요약이 아니라 응축이다.

4. 장면을 사진처럼 구성하라 - '영상적 글쓰기'

장면을 영상화하라. 글을 읽었을 때 눈앞에 그림이 떠오르도록 쓰라는 뜻이다. 영상적 글쓰기는 소설, 기사, 에세이, 자기소개서 어디에나 통한다. 독자가 '본 것 같은 착각'을 느끼게 하는 글이 강한 글이다. 예컨대 주인공 심리를 설명하지 말자. 대신 주인공 손을 보여줘라. 손이 떨고 있나? 피곤한 거다. 겁나는 거다. 주먹을 쥐고 있나? 열받는 거다. 화가 난 거다. 그렇게 손을 그려서 감정을 노출시켜라. 독자가 읽게 만들지 말고 보게 만들어라. 말보다 이미지가 빠르고 강력하다. 다음 글을 보자.

'일본 옻에 대해 아는 게 하나도 없었다. 그래서 일본 전국에 있는 옻쟁이란 옻쟁이는 다 만나고 다녔다. 가슴 속에 녹음기 하나 품고, 그들에게 술을 사주며 지식을 훔쳤다. 아니, 전용복은 그 대가로 조선 나전 기법을 가르쳐줬으니까 훔친 건 아니었다. 쟁이들이야 다들 술 좋아했다. 전용복 본인 또한. 하지만 취할 수는 없었다. 하루에 100엔짜리 낫토(일본식 된장) 한끼 먹고 다니며 공부를 했다. 도쿄역 앞에 있는 삼성당 서점에서 옻 전문서적을 베끼고 … 수시로 메구로 가조엔에 들러서 샘플 조각을 떼서 연구했다. … 잠은 우에노(上野) 공원에서 노숙했다. 텃세 부리는 노숙자들 손봐주고 오야붕 대접 받

으며 잤다.'

전용복이라는 세계적 칠예 장인이 옻칠을 배우기 위해 일본에서 겪은 일을 묘사한 글이다. 이런 장면들이 쌓이면 독자 머릿속에서 영상이 돌아가고 인물에 대한 형체가 구체화된다. 그게 시각화다. 이번에는 아랫글을 읽어보자.

'일본 옻 기술에 대해 아무것도 모르던 전용복은 일본 전역을 돌며 장인들을 만나 지식을 쌓았다. 그는 고된 생활을 견디며 공부했고, 현장에서 직접 발로 뛰며 스스로 기술을 익혀나갔다.'

여기에도 이미지, 장면은 사라지고 없다. 전용복에 대한 존경은 생기지만 그 존경은 공허하다. 장면이 없으니까. 공허한 감정은 글에서 치명적인 약점이다. '가슴 속 녹음기', '100엔짜리 낫토 한끼', '서점에서 베낀 책', '우에노 공원 노숙' 같은 생생한 컷들이 이 글에는 없다. 읽었다는 느낌만 남고 전용복이 옻칠을 배워나간 경로는 실종됐다.

5. 단면이 만드는 감정이 진짜 감정이다

감동은 '감정적으로 쓴 글'에서 나오지 않는다. 장면 하나에 서사가 응축된 글이 독자 마음을 흔든다. 단면 묘사는 감정을 자연스럽게 배어나게 만든다. 다음 예를 보자.

'전용복은 혹독한 유년기를 겪었다.'

'부모는 전용복을 중학교에 보내주지 않았다. 대신 전용복은 소년 가장이 되어 동생들을 기르고, 병들고 술 퍼마시는 부모를 수발했다. 40km 떨어진 국제시장에 가서 풀빵 기계를 사서 새끼줄 매고 걸어와 풀빵 장사를 했다. 야학에 다니면서 산동네로 연탄을 날라 돈을 벌었다. 그 돈으로 어머니 심장약을 사서 먹이고, 쌀을 사고 공책을 사서 공부를 하고 그림을 그렸다.'

'혹독한 유년기'는 공허하다. 그런데 '풀빵 기계를 새끼줄에 매고 40km를 걸어 국제시장을 넘나드는 장면'은 정말 혹독하다. 어부가 살던 운염도에서는 '어부는 섬에서 평생을 버텼다'라는 표현보다 '덕장 앞 신발 한 켤레'와 '그 옆에 누운 목선'과 '갯벌 위 붉은 함초 초원'에 각인된 삶이 더 깊다. 단면화 혹은 시각화는 이처럼 독자에게 주제를 선명하게 각인시킨다. 섣부른 주장 혹은 감성을 앞세워 버리면 주장과 감성을 잃고 만다.

여기까지 읽었다면 필자가 주장하는 바가 뭔지 대강 알아차렸으리라 생각한다. 그러면 이런 질문이 나올 수 있겠다.

'오케이, 잘 알겠어. 그런데 어떻게 하라고!'

문제는 훈련이다. 한 번도 훈련해보지 않고 던지는 질문은 역시 공허하다. 훈련을 하면 된다. 우리는 모차르트가 아니다. 모차르트에게 경악하는 능력밖에 없는 살리에르들이다. 살리에르 또한 훌륭한 작곡가였다. 그런데 모차르트는 천재였다. 살리에르는 자기에게 없는 천재성을 노력으로 대체했다. 우리도, 노력하면 된다. 원-칙-에-따-라 노력하면 된다. 원칙 없는 노력은 헛고생이다.

자, 영상적 글은 어떻게 쓸까? 단면을 포착해야 쓸 수 있다. 단면은 어떻게 포착할까? 관건은 관찰과 취재다.

6. 단면을 어떻게 포착하는가 - 관찰하고, 취재하라

이런 표현력은 어디에서 왔을까. 독서에서? 깊은 고뇌와 사유에서? 천만의 말씀. 바로 데이터다. 단면 묘사는 감각이 아니라 데이터다. 우연히 떠오르는 문장이 아니라, 관찰과 채집에서 나오는 장면이다. 보고, 듣고, 물어야만 단면화가 가능하다. 글을 쓰기 전에 미리 질문을 던져 본다.

- 이 삶을 보여주는 장면은 무엇인가?
- 이 공간에서 가장 인상적인 풍경은 무엇인가?
- 이 선택을 나타낼 수 있는 순간은 무엇인가?

이 질문에 대한 대답들이 우리가 찾는 단면이다. 단면화에 필요한 재료는 다음과 같다.

- 취재된 언어, 물건, 풍경 > 관찰
- 현장에서 본 이미지 > 관찰
- 당시 (개인, 시대) 상황에 대한 맥락 이해 > 사전 취재

아는 만큼 보인다고 했다. 사실이다. 현장 관찰은 사전 취재 없이는 완성할 수 없다. 자기 글 소재나 주제에 관한 철저한 사전 취재 없이는 관찰은 불가능하다. 운염도 어부의 삶은 이런 장면에 포착돼 있다.

- 덕장 앞에 신발 한 켤레, 그 옆에 누운 목선, 나목 숲.

이런 장면을 놓치지 마라. 기행문 혹은 사람 이야기를 쓸 때면 장면을 샅샅이 분해해서 기록하라. 거기에 삶이 스스로 노출돼 있다. 칠예 장인 전용복 이야기도 마찬가지다. '풀빵 기계를 새끼줄에 매고 40km를 걸었던 유년기'는 상상력이 만들 수 있는 삶이 아니다. 자료조사와 인터뷰, 당시 사회 상황을 모르면 쓸 수 없는 단면이다. 단면 묘사는 그런 총체적 사전 취재와 현장 관찰이 만들어낸 작품이다. 다시 전용복이 겪은 인생을 보자. 아래는 역경을 다 거친 장인 전용복이 성공한 장면이다.

'밤늦은 시각이었지만 도쿄 메구로가조엔은 그 찬란한 광휘 속에 사람들로 붐볐다. 밤새들이 정원에서 시끄럽게 울어대는데, 실내에

서는 결혼식이 한창이다. 전용복을 따라 투어에 나섰다. 엘리베이터부터 전용복의 나전칠 작품이다. 문부터 내부까지 공작과 해태가 반짝인다. 벽면에는 '전용복 작'이라는 금빛 명패가 선명하다. 스쳐 가는 직원들은 걸음을 멈추고 전용복에게 90도로 허리를 꺾으며 예를 취한다. 조선 장인 광신이 만든 작품, 그리고 전용복의 작품들에서 메구로가조엔과 첫 인연을 맺은 작은 소반까지 다 봤다. 전용복이 말했다. "만일 지금 저승사자가 온다면 기꺼이 이리 말할 것이다. '이제껏 나를 있게 해줘서 고맙다. 내 기꺼이 그대를 따라가겠다'라고. 그리고 장례식은 치르지 말라고 할 거다. 내 작품들이 살아 있고, 내 아들과 내 제자들이 살아 있는 한 나는 죽는 게 아니라고.'"

'단면화에 실패하고 뭉뚱그려진' 아랫글을 비교해 본다.

'전용복은 일본 메구로가조엔에서 최고의 장인으로 존경받고 있었다. 그의 작품은 곳곳에 설치되어 있었고, 그는 자신이 이룬 성취에 자부심을 느꼈다. 사람들은 그를 예우했고, 전용복은 삶에 대한 만족과 죽음에 대한 담담한 태도를 드러냈다.'

무난하되 아무 장면도 보이지 않는다. 문장만 있고 이미지가 없다. 읽는 동안 뇌에 아무런 그림이 떠오르지 않는 것이다. 반면 원래 문단은 영화 장면처럼 강하게 각인된다. 이게 단면화된 서술이 가진 힘이다. 이런 장면들이 전용복이라는 사람을 기억하게 만든다.

7. 실전 훈련 과제 - 영상적 글 만들기

표현력은 반복 훈련으로 얻어진다. 아래 과제들을 실제로 써보라. 하루 1개씩, 일주일만 써도 글이 달라진다. 아래 감정 중심 문장과 장면 중심 시각적 문장을 비교해 본 뒤 그 아래 과제를 연습해 보자. 실전처럼 연습해 보자. 이를 위해서는 위 6번 '관찰과 취재' 훈련을 병행해야 한다.

- **감정 중심**: '그는 긴장한 상태였다.'
- **장면 중심**: '그는 앞머리를 쓸어넘겼다. 다섯 번째다. 이마에서 묻은 땀이 손바닥에 흥건했다. 그는 축축해진 손바닥을 바지에 닦았다. 역시 다섯 번째다.'

- **감정 중심**: '어머니는 위독했다. 간병하는 가족은 녹초가 됐다.'
- **장면 중심**: '누나는 보호자용 침대에 누워 있었다. 미동도 하지 않았다. 병실 구석 플라스틱 의자 등받이에는 아버지 점퍼가 반쯤 흘러내려 있었다. 아버지는 보이지 않았다.'

- **감정 중심**: '그는 외로웠다.'
- **장면 중심**: '커튼 틈으로 햇빛이 삐져나왔다. 식탁 위 찬 죽그릇에 파리가 한 마리 빠져 있었다. 그는 침대 위에서 허공을 응시했다.'

과제 1. 감정 없는 감정 묘사: 슬픔, 기쁨, 분노, 체념을 감정 단어 없이 보여줘 보라.

- 불안: '그는 계속 오른손으로 왼손 손톱을 만지작거렸다.'
- 기쁨: '계단을 오르던 발이 한꺼번에 세 칸을 뛰어넘었다.'
- 체념: '화분이 쓰러졌다. 그는 한참을 바닥에 쏟아진 흙더미를 쳐다보다가 고개를 돌렸다.'
- 분노: '문고리를 돌리던 손이 갑자기 멈췄다. 손은 천천히 주먹으로 변했다.'

과제 2. 수식어가 없는 A4 한 페이지: 수식어 없이 장면만으로 풍경을 설명하라. 관찰 혹은 구체적인 상상력이 필요하다.

- 조용한 밤: '골목에는 전깃줄을 건드리는 바람 소리만 들렸다. 가게 셔터가 달그락 한 번 울렸다. 고양이 한 마리가 쓰레기통 밑으로 숨었다.'

과제 3. 사람 없이 감정 쓰기: 인물 없이 공간만으로 감정을 보여주는 장면을 써보라.

- 외로움: '마시다 만 커피잔 하나가 테이블 가장자리에 자빠져 있다. 벌써 며칠째. 커피는 말라붙었다. 아무도 오지 않는다. 전화도 없다.'

- 분노: '벽지 한 장이 뜯겨 나갔다. 유리 조각 하나가 문에 박혀 있다. 책장 아래에는 리모컨이 누워 있다. 부서져 있다.'

과제 4. 인물 없는 인물 묘사: 사물과 지형지물 묘사를 통해 그 공간 속에 있는 인물을 보여줘라.

- '어부의 집에는 장화가 세 켤레 있다. 두 켤레는 말라 있고 하나는 진흙이 묻어 있다. 부엌 싱크대에는 봉지와 낚싯줄이 엉켜 있다. 냉장고 문에는 해도 한 장이 자석에 끼워져 있다.'

과제 5. 줌인과 줌아웃: 당신 글은 카메라다. 장면을 확대하고 확장하는 연습을 해보라.

- 줌인(파고 들어가기): '덕장 앞 슬리퍼는 발뒤꿈치가 닳아 있었다. 좌우 짝이 달랐고, 한쪽은 종이조각이 끼워져 있었다.'
- 줌아웃(멀어지기): '물기 마르지 않은 싱크대 위 그물, 뚱뚱이 강아지가 기대고 앉은 양철집과 그 앞을 지나는 황톳길, 좌우로 퍼진 갯벌, 그리고 멀리 수평선을 닮은 산줄기 하나까지. 어부가 보낸 하루가 풍경 속에 흘러갔다.'

전체를 말하지 마라. 가장 강한 한 순간만 보여줘라. 그 한 컷이 독자 머릿속에 남는다. 이제 각 장르 속으로 들어간다.

요점 정리

1. 영상적 글쓰기, 곧 시각화에 집중하라.
2. 중요한 컷 하나만 잘라내는 '단면화' 능력이 핵심이다.
3. 감정을 쓰려 하지 말고 눈앞에 보여줘라.
4. 전체를 말하지 말고 중요한 장면만 모아라.
5. 구체적인 장면으로 디테일을 살려라.
6. 장면을 뭉뚱그리지 말고 조밀하게 잘라내 재구성하라.
7. 수식어를 버려라. 문장은 주어와 술어만 쓴다.
8. 단면에서 배어나는 감정이 진짜다.
9. 관찰하고 취재하고 질문을 던져라.

PART 2

장르별
실전 글쓰기

3장

장르가 바뀌면
무기가 달라진다

 모든 글은 '팩트'에서 출발한다. 변하지 않는 원칙이다. 그런데 그 팩트를 운용하는 방식은 장르마다 다르다. 전쟁으로 치면 상대하는 적과 지형지물에 따라 무기와 병력을 달리 배치하라는 뜻이다. 또 그런데 많은 사람들은 감정을 담은 글, 예컨대 수필이나 소설, 기행문은 느낌과 감상을 적어야 한다고 생각한다. 칼럼은 웅장하고 장대한 주장을 담아야 한다고 생각한다. 정말 그럴까?
 틀렸다. 감정과 느낌은 반드시 팩트에 올라타야 한다. 슬픔도 팩트에서 나온다. 기쁨도 팩트에서 나온다. 팩트가 기쁘니까 기쁘고 팩트가 슬퍼야 슬프다. 만물은 팩트다. 우리는 팩트에 감동하지 감탄사에 감동하지 않는다. 감탄사는 팩트가 만든 결과일 뿐. 글에는 감탄사가 아니라 감탄스러운 팩트가 필요하다. 어떤 팩트를 어떤

방식으로 묘사하느냐에 따라 글 분위기가 달라진다.

글에는 여러 장르가 있다. 이 책에서는 인물에 관한 글, 수필, 기행문, 역사 비평, 칼럼, 인터뷰, 자기소개서라는 7개 장르로 나눴다. 소설, 시, 대본은 이 책에서 다룰 영역이 아니다. 직업 작가들이 할 일이다. 이 7개 장르는 저마다 독특한 팩트 운용 방식을 가지고 있다.

가장 근본적인 요소는 팩트다. 글들이 난무하는 전쟁터에서, 팩트는 탄약이다. 이 탄약을 어떤 무기에 장착해 발사할 것인가. 장르에 따라 총알이 다르고 장착할 무기도 다르다. 조준선도 달라진다. 장르가 바뀌면, 무기가 바뀐다. 이 장은 그 장르별 팩트 운용 원칙, 글의 무기와 전략에 관한 이야기다.

인물에 관한 글

핵심 무기: 디테일의 극적 대비. 감정을 노출하지 않고 팩트로 인물을 묘사해 독자를 건드린다. 구체적으로, 한 인물이 겪은 경험 가운데 가장 대비적인 요소를 글에서도 대비시킨다.

전략: 팩트로 생생한 이미지를 구성한다. 인물 또는 그 삶을 감상적으로 포장하지 않는다. 겉으로 순탄하게 보이는 삶에도 언제나 몰락과 부활의 순간이 숨어 있다. 그 대비되는 팩트를 선택해 스토리를 '설계'한다. 극적인 선택, 결정적 장면을 결정적인 문단에서 날 것 그대로 보여준다. 인물을 '감동적으로' 묘사한다고 글이 감동적이 되지 않는다. 인물의 선택과 행동을 '팩트'로 드러내 독자가 스

스로 감동하도록 만든다. 억지 미문(美文)은 사절. 삶을 기록한다. 팩트를 엮은 리듬과 감정 곡선으로 독자를 감동시켜라.

수필

핵심 무기: 복선과 반전, 섬세한 묘사. 인물에 관한 글보다 섬세하게. 수필은 일기가 아니다. 아무 말이나 감상만 늘어놓는다고 수필이 되지 않는다. 수필은 감성 장르다. 그런데 그 감성은 반드시 구체적인 팩트 위에서 피어난다. 감성은 섬세한 팩트 묘사를 통해 전달해야 한다. 인물에 관한 글에 비해 더 일상적이고 사소한 팩트들로 글을 설계한다.

전략: 소소한 일상 속에서 반전적인 팩트 배치. 처음에 슬쩍 던진 팩트 하나가 끝에 가서 독자의 감정을 흔들게 구성한다. '표현'이 아니라 '글 설계'가 중요하다. 과장된 표현이나 꾸밈은 사절이다. 평범한 팩트 하나로 일상에서 예상치 못한 감동을 터뜨린다. 수필은 화려하지 않다. 감성을 절제하고 사소한 팩트에 감동을 담는다.

기행문

핵심 무기: 시각적 묘사, 영상적 글쓰기. 기행문은 감상문이 아니다. 갈 만한 곳을 독자로 하여금 가고 싶게 만드는 글이 기행문이다. 어떻게? 영화처럼. 그곳을 '보여줘라'.

전략: 현장을 시각적으로 포착한다. 구체적 요소, 즉 팩트로 현장을 재구성해 독자를 간접경험의 세계로 유도한다. 멋지다는 감정 대신 멋진 장면을 보여준다. 맛, 역사, 풍경 등 무엇을 주인공으로 삼을지 명확히 정하고, 독자가 그 주인공을 따라가게 만든다.

역사 비평

핵심 무기: 날카로운 팩트 분석, 비판적이고 직설적인 화법.
전략: 역사는 감동이 아니라 진실로 써야 한다. '감동적'이라는 이유로 신화를 받아들이는 순간 글은 거짓말이 된다. 의심에서 시작하고 사료에서 끝나야 한다. 냉정하게 팩트를 제시하고 냉철한 논리로 독자를 설득한다. 감정은 삭제하고, 팩트와 논리만으로 독자의 생각을 흔들어야 한다. 팩트를 조립해 허구를 무너뜨리는 글이 역사 비평이다.

칼럼

핵심 무기: 짧고 강한 주장, 응축된 팩트.
전략: 칼럼은 짧고 매워야 한다. 짧은 글 안에 확실한 주장을 담는다. 그러기 위해서는 문장 문장이 송곳처럼 날카롭고 매워야 한다. 매운맛은 팩트에서 나온다. 팩트가 모여야 주장을 관철할 수 있다. 단문으로 리듬을 살리고 팩트는 강하게 배치한다. 팩트 없는 주

장은 공허하고 싱겁다. 독자는 팩트에 전율한다.

인터뷰

핵심 무기: 기획된 질문, 스토리 구성.
전략: 질문을 구조화해 팩트를 채집한다. 질문을 통해 감춰진 팩트를 캐내고 그 팩트를 엮어서 자연스러운 이야기로 만든다. 질문으로 숨은 이야기를 끌어낸다. 아무렇게나 던지는 질문이 아니라 기획된 질문이어야 한다. 이끌어낸 팩트를 맥락에 따라 배열해 서사로 만들어야 한다. 인터뷰 글은 Q&A 목록이 아니다. 한 인생을 글을 통해 재구성하고 독자가 자연스럽게 빠져들게 만들어야 한다. 즉, 인터뷰는 스토리다.

자기소개서

핵심 무기: 브랜드 문장과 구조화된 서사.
전략: 나열하지 말고 압축하라. 자기를 정의할 수 있는 '브랜드'에 집중해 조직이 원하는 역량과 연결한다. 장점 나열은 사절이다. 스토리를 구성해 그 속에 자기 브랜드를 노출시킨다. 읽는 사람에게 본인을 기억시킬 수 있는 포인트가 필요하다. 자신을 대표하는 팩트를 그 스토리를 상징하는 브랜드로 삼는다. 자기소개서는 자기 자랑이 아니다. '조직이 쓸모를 느끼게 만드는 글'이다.

글은 팩트에서 출발한다. 장르가 바뀌면 그 팩트를 다루는 무기와 전략이 달라져야 한다. 인물은 디테일로, 수필은 복선과 반전으로, 기행문은 영상으로, 역사는 칼날처럼, 칼럼은 송곳처럼, 인터뷰는 스토리로, 자기소개서는 브랜드로 무장해야 한다. 장르에 따라 무기를 바꿔야 싸움에서 이긴다. 200년 전 일찌감치 연암 박지원이 글쓰기에 대해 명쾌하게 말한 적이 있다.

'남을 아프게 하지도 가렵게 하지도 못하고 구절마다 범범하고 데면데면하여 우유부단하기만 하다면 그런 글을 대체 어디다 쓰겠는가(譽言不痛不癢 句節汗漫 優游不斷 將焉用哉).' - 연암 박지원

그렇다. 글은 무기다. 독자에게 전율을 안길 수 있어야 글이다. 이제부터 각 전투별 무기 운용 방식과 전략을 본격적으로 살펴보자. 총칼을 챙기고 실탄을 장전하고 싸울 준비를 하자. 실전이다.

장르	핵심 무기	전략
인물	디테일 극적 대비	감정을 드러내지 말고, 극적인 팩트로 인물의 선택과 행동을 보여준다. 신파 금지.
수필	복선과 반전 섬세한 묘사	사소한 팩트로 시작해 감정적 반전을 유도. 설계된 구조 속에서 감성을 절제하며 전개.
기행문	시각적 묘사 영상적 글쓰기	장면 중심 구성. 감정보다는 장면 묘사로 독자를 간접경험하게 한다.
역사 비평	날카로운 팩트 분석 비판적 직설 화법	감동보다 진실. 사료 기반 논리로 신화 해체. 감정 제거하고 사실과 논리로 설득.
칼럼	짧고 강한 주장 응축된 팩트	문장은 짧고 강하게. 하나의 매운 문장으로 독자의 감정을 찌른다.
인터뷰	기획된 질문 스토리 구성력	질문으로 팩트를 끌어내고, 팩트로 스토리를 구성. Q&A 나열은 금지.
자기소개서	브랜드 문장 구조화된 서사	나열하지 말고 압축하라. 자기 브랜드를 만들어 조직에 어필하라.

요점 정리

1. 모든 글은 '팩트'에서 출발한다.
2. 장르가 바뀌면 무기도 바뀐다.
3. 인물: 팩트로 독자 감정을 건드려라.
4. 수필: 감성은 팩트 위에서 피어난다.
5. 기행문: 그곳을 '보여줘라'.
6. 역사: 의심에서 시작해 사료와 팩트로 끝낸다.
7. 칼럼: 짧고 맵고 날카롭게 주장한다.
8. 인터뷰: 질문으로 팩트를 캐내고 이야기로 엮는다.
9. 자기소개서: 나를 브랜드화하라.

4장

인생의 한 순간, 인물에 관한 글

인물에 관한 글에 대한 핵심은 아래와 같다. 이를 염두에 두고 예시문을 살펴보자.

> **핵심 정리**
>
> **포인트**: 인물은 '팩트'로 만든다.
>
> **핵심 무기**: 디테일. 감동은 사실에서 나온다. 인물 글쓰기의 감동은 문장이 아니라 삶의 기록에서 탄생한다.
>
> **전략**: 승부는 신파가 아니라 서사로. 인물을 감동적으로 만들지 마라. 감동적인 선택을 드러내라. 인물을 '기억할 만한 사람'으로 만드는 힘은 묘사가 아니라 구성이다. '어떤 순간을 보여줄 것인가'가 핵심이다.

예시문 1

땀 증발해 얼굴엔 소금만 남더라
- 공군 장교 김철빈과 발리의 꿈

1975년 9월 30일 ROTC 공군 장교 김철빈이 전역했다. 혈기왕성한 스물여덟 살 청년이었다. 건설업 해외 진출이 막 시작된 때라 토목공학을 전공한 장교 출신 수요가 폭증하던 때였다. 취직자리는 있었다. 철빈이라는 공학도는 이미 전역하기도 전에 인도네시아 발리에 진출하려던 대림산업이 일찌감치 예약해 둔 터였다.

철빈은 야자수 아래 은빛 백사장에서 일광욕을 하는 꿈을 꿨다. 그런데 발리 공사 수주가 불발하고, 이듬해 6월 대림산업이 40만 kW짜리 발전기가 두 개 있는 사우디아라비아 가즐란 화력발전소 공사를 따냈다. 김철빈은 선발대 팀장으로 발령이 났다. 첫 해외여행이 사막? 남태평양의 꿈은 일장춘몽이 됐다.

두 달 뒤 회사 회의실에 집합한 선발대원 70명 앞에서 인솔자가 소개됐다. "김철빈 과장은 사우디아라비아를 세 번이나 다녀오신 대단한 중동 전문가시며…." 얼굴이 벌겋게 달아올랐다. 듣고 있던 콘크리트

박과 철근 김이 노련하게 웃었다. '에라, 저 어린놈이?' 국내는 물론 월남전까지 날아가 콘크리트와 철근 작업을 해온 사내들은 팀장 권위를 세워주려는 새빨간 거짓말에 속지 않았다.

홍콩을 거쳐 바레인에 도착한 뒤 3박 4일에 걸쳐 작은 비행기가 선발대원들을 사우디 담맘으로 실어 날랐다. 철빈이 마지막 비행기에 올라타 한참을 기다리니 항공사 직원이 올라타서 이렇게 통고했다. "예약이 초과됐으니 한국인은 다 내려라." 예약했던 자리는 두건을 둘러쓴 아랍인들이 차지했다. 내 돈 내고 탄 비행긴데 왜? 무조건 서러웠다.

담맘에 모인 선발대원들은 버스를 타고 가즐란으로 갔다. 시속 30km로 느릿느릿 버스가 달리다가 2시간 뒤 잠시 멈췄다. 김철빈은 풀을 뜯고 있는 외봉낙타 가족 옆에서 폴라로이드 카메라로 기념사진을 찍었다. 태어나서 지평선은 처음 보았다.

그런데 거기였다. 거기가 공사 현장이라는 것이었다. 이 모래 더미 한가운데에 발전소를 지어야 한다는 것이었다. 1976년 8월이었다. 망연자실한 사람들은 바지 속에 불이 붙은 것처럼 뜨거웠다. 억지 중동 전문가 김철빈은 속이 활활 타들어 갔다.

오일 달러와 한국 경제

1973년 10월 6일 제4차 중동전쟁이 터졌다. 이집트와 시리아가 주축이 된 아랍 연합군과 이스라엘 사이에 벌어진 이 전쟁은 이스라엘이 승리했다. 종전 선언 닷새 전인 10월 17일, 아랍 산유국들이 일제히 석유 금수(禁輸) 조치를 선언했다. 두 달이 지난 12월 12일 이란 왕 팔레

비가 뉴욕타임스 기자에게 말했다. "유가 상승? 당연하지!(기사에 느낌표가 있었다) 당신네는 밀가루 가격을 세 배 올리지 않았나. 우리 원유를 사서는 정제해서 수백 배 값을 올려 팔아먹고. 이제 기름을 사려면 당신들은 돈을 더 내야 한다. 그래야 공평하다. 한 열 배쯤?"

그해 1월 배럴당 3달러 선이던 원유 가격은 크리스마스 무렵 12달러로 300% 상승했다. 2차 세계대전 이후 성장을 구가하던 서방세계는 혼란에 빠졌다. 중화학공업을 육성 중이던 대한민국은 난리가 났다. 1973년 3억519만달러였던 석유 수입 비용이 1년 만에 11억78만달러로 폭증했다. 외화 보유액은 3000만달러가 줄었고 소비자 물가는 24.3%, 생산자 물가는 무려 42.1%나 폭등했다. 경상수지 적자는 3억1000만달러에서 20억2000만달러로 아폴로 우주선처럼 치솟았다. 오일쇼크 어퍼컷 한 방에 대한민국은 그로기에 빠졌다. 고도성장에 의존하고 있던 박정희 정부도 위기였다. 발상의 전환이 필요했다. 세계는 위기지만 이제 보니 중동은 돈벼락을 맞지 않았는가!

말이 생기면 경마를 잡히고 편안하게 다니고 싶은 법이다. 부자가 된 중동이 그러했다. 모래바람을 견딜 빌딩이 필요했고, 도로가 필요했고, 지열을 막아줄 에어컨이 필요했고, 에어컨을 돌릴 발전소가 필요했다. 그런데 토목이며 건설을 할 능력과 인력은 없으니 이건 먼저 줍는 사람이 임자인 돈의 바다였다. 일본이 맨 먼저 그 시장을 봤다. 중동을 노리는 그 일본을 한국에 있는 공무원, 대통령 박정희가 '국보(國寶)'라고 부르던 경제2수석 오원철이 눈치챘다. 오원철 보고를 받은 대통령은 기업들에 중동 진출을 강력하게 요청했다. 월남에서 철수한 인력과 장비가 쌓여 있던 기업들은 말 그대로 사막에서 오아시스를 만난 듯 두 손을 번쩍번쩍 들었다. 한국은 다른 나라들보다 먼저 중동으로 진출했다.

　1973년 12월 1일 삼환기업이 사우디아라비아 알울라~카이바르 164km 고속도로 공사를 따냈다. 1974년 한국 기업 수주액은 2억 6000만 달러였다. 1년 뒤인 1975년 수주액은 226.3% 늘어난 8억 5000만 달러어치였다. 1976년 현대건설이 수주한 사우디아라비아 주바일 항만 공사 금액은 9억 5800만 달러로 대한민국 예산의 25%였다. 그해 6월 계약 선수금 2억 달러가 입금되자 외환은행장이 현대건설 회장 정주영에게 전화를 걸었다. "덕분에 오늘 대한민국 건국 이후 최고의 외화 보유액을 기록했다." 1983년 동아건설이 수주한 리비아 대수로 공사는 39억 달러짜리였다. 6년 뒤 2차 공사는 55억 5000만 달러였다. 중동 진출은 신화였다. 그 신화 속에서 노동자들은 사막으로 강림한 신들이었다.

급(級)이 다른 한국인들

　도착 일주일 만인 1976년 광복절, 가즐란 사막 위에 발전소 공사가 시작됐다. 사우디 최초이자 중동 지역 최대 규모 화력발전소였다. 70명으로 출발한 현장 인력은 1,000명으로 늘었다. 식당도 짓고, 숙소도 짓고, 새마을회관도 만들었다. 마을 하나가 사막 한가운데 생겨났다. 무늬만 전문가였던 김철빈도 진짜 전문가로 변해갔다.

　"뭐, 당신이 대학을 나왔다고? 그런데 여기는 왜?"

　함께 일했던 미국 벡텔사 현장 사람들은 이해하지 못했다. 이미 선진국 고학력자들은 사막을 기피했다. 기능공도 한국인들은 급이 달랐다. 콘크리트 박이 꺼낸 연장 가방에는 망치와 수평계가, 철근 김 연장 가방에는 펜치와 니퍼가 들어 있었다. 월남 때부터 닳고 닳은 자기 연장들이었다. 영어 한 줄 읽지 못했지만 도면만 보면 그들은 그대로 작업을 했다.

일을 하다 보면 당연히 땀이 나고 얼굴도 타야 한다. 그런데 한참을 일하다 보면 땀이 증발하고 소금만 남아 얼굴이 새하얬다. 사람들은 아무리 더워도 화상이 무서워 작업복은 벗지 못했다. 그래도 안경잡이들은 화상을 피하지 못했다. 금속 안경테는 벗어던질 수가 없었으니까.

그러다 모래폭풍이 닥쳐오면 공사가 멈추곤 했다. 작업은커녕 질식할 것 같은 바람에 사람들은 천으로 얼굴을 가리고 숨도 참았다. 요동을 치는 크레인도 폭풍 너머 시야에서 사라지곤 했다. 숙소로 돌아와 샤워기를 틀면 서울 목욕탕 열탕보다 뜨거운 물이 쏟아졌다.

하지만 잘살아보겠다고 작심하고 떠난 사람들이었다. 1980년 돼지를 치다가 빚더미에 오른 젊은 가장 이건영도 사우디 공사판을 택했다. 설날 하루만 딱 놀고 일했다. 사람들이 "5,000명 중에서 당신이 제일 근무 일수가 많을 것"이라고 해서 그런 줄 알았는데 2등이었다. 알고 보니 설날에도 일한 사람이 있었던 것이다. 강림한 신들은 그렇게 '일하다가 죽을까 봐 걱정이 될 정도로' 일했다. 독기(毒氣) 가득한 우수 인력들이 뭉쳐 살던 새마을 주변에 발전소가 피어나고 있었다.

200t짜리 발전 터빈 두 개를 14m 높이 기반에 설치하는 날이 왔다. 크레인이 도착했다. 기반에 박힌 앵커볼트 250개가 터빈에 뚫린 구멍 250개에 끼워져야 고정이 된다. 달팽이 기어가는 속도로 하강하는 터

빈 구멍에 정확하게 앵커볼트들이 솟아올랐다. 1mm 오차도 없었다. 지켜보던 벡텔사 사람들에게서 먼저 박수가 터졌다. 1981년 2월 1일 발전소가 완공됐다. 4년 5개월 만이었다.

노동자들도 미친 듯이 일했고 기업도 같았다. 주바일 공사 때 현대건설은 울산에서 만든 해양 구조물을 바지선 열두 척에 강철선으로 고정하고서 인도양을 건넜다. 사막을 가로질러 1,000km가 넘는 수로(水路)를 만들겠다는 리비아 수로 공사는 애당초 말이 되지 않는 공사였다. 그런데 해냈다. 시공 직전 서방에서는 '미친개의 꿈'이라고 했고, 완공 직후 리비아인들은 '세계 8대 불가사의'라고 불렀다. 리비아는 공사 완공 기념우표까지 발행했다.

'싸대기' 맞은 듯

어쩌다 쉬는 날이면 김철빈은 동료들과 함께 공사 현장 옆에 있는 콴티프 오아시스를 찾았다. 갈 곳이 별로 없었다. 사람들은 대개 숙소에서 카세트테이프를 틀거나 오아시스를 찾아 사진을 찍었다. 나중에 귀국할 때 카세트테이프와 사진기에 높은 관세가 붙어서 불평불만이 대단했다.

놀거리가 없다 보니 술을 찾았다. 천하제일인 용접공과 배관공이 득실거렸다. 용접 박이 철판을 잘라 용기를 만들면 배관 최가 파이프를 박아서 증류기를 만들었다. 쌀과 이스트를 섞고 물을 부어 증류기에 넣고 놔두면 소주가 됐고 포도를 짓이겨 똑같이 넣으면 와인이 나왔다. 술 만들기, 쉬웠다.

제대로 마실 시간이 없었던지라 다섯 번 증류할 걸 한 번 증류해 먹었다. 일과두주(一鍋頭酒), 그러니까 중국제 서민주인 이과두주보다 못한 저급 술이었지만 없는 것보다 나았다. 사람들은 '싸대기'라고 불렀다. 아랍어로 '밀주(密酒)'라는 뜻이었다. 아침에 깨면 진짜 싸대기를 얻어맞은 것처럼 머리가 아팠다. 쿠웨이트 경찰은 가난한 외국 노동자들의 음주를 묵인해 줬다.

가끔 가즐란 대림산업 노동자들과 주바일 현대건설 노동자들은 축구 대회를 열었다. 현대는 포니 픽업을 타고 와 축구를 하고 마작도 함께 즐겼다. 용접 박은 낚시광이었다. 통닭 한 마리를 빨랫줄에 걸어서 방파제로 나가 온종일 앉아 있었다. 그러다 진짜로 2m짜리 왕물고기를 잡아냈다. 그날 대림산업 새마을에서는 큰 잔치가 벌어졌다. 물론 싸대기 회식도. 며칠 뒤 용접 박이 드럼통을 잘라 만든 보트로 바다로 나갔다가 썰물에 쓸려가 한바탕 난리가 났다.

고된 노동은 극단적인 행동으로 나아가기도 했다. 1977년 3월 13일 주바일 공사 현장에서 폭동이 터졌다. 인근에 있는 다른 공사 현장보다 낮은 대우에 트럭 기사들이 20km 정속 운행으로 항의하자 간부 한 명이 헬멧으로 기사 머리를 내려쳐버린 것이었다. 순식간에 시위가 벌어졌고, 시위대는 30명에서 900명으로 불어났다. 회사 측이 우왕좌왕하는 동안 사무실과 숙소, 차량이 불탔다. 사우디 무장 경찰까지 출동한 사건이었다. 임금 인상과 처우 개선, 주동자 강제 귀국으로 사건은 종료됐다. 공사는 무사히 끝났다. 서울올림픽이 있던 1988년 6월 30일 대림산업 이란 캉간 발전소 공사 현장에 이라크 전투기가 미사일 여섯 발과 기관총탄을 퍼부었다. 노동자 13명이 죽었다. 모래폭풍, 더위, 외로움, 그리고 진짜 전쟁. 단어만 다를 뿐 모두 전쟁을 뜻했다.

전혀 다른 대한민국

　김철빈은 1980년 다시 쿠웨이트로 떠났다. 30만 kW 터빈 7개짜리 초대규모 도하웨스트 발전소 공사였다. 결혼한 지 몇 달 되지 않았지만 피할 방법이 없었다. 진짜 전문가였으니까. 그때 상사로 와 있던 사람이 심완식이었다. 심완식은 경부고속도로의 가장 어려운 구간인 옥천 터널 감독관이었고, 공군 장교 김철빈은 그때 터널 공사를 참관한 적이 있었다. 구면인 두 사람은 함께 쿠웨이트로 떠났다. 이번에는 가족도 함께 가도록 배려해 줬다. 대림 직원 280명에 현장 기능공은 3,800명, 그 가운데 2,400명이 한국인이었다.

　마을 수준이 아니라 도시 하나를 만들어 노동자들이 살았다. 힘들어도 너무 힘들어서 김철빈은 "그냥 오폭(誤爆)으로 한 방 때려줬으면 좋겠다"고 생각했다. 공사는 적자였지만 1983년 발전소는 쿠웨이트 정부에 인계됐다. 김철빈은 현장소장으로 5년을 더 있다가 귀국했다.

　1987년 미리 귀국한 아내를 만나러 잠시 귀국하려던 날 공항에서 대한항공 직원이 말했다. "아부다비에서 방콕으로 가던 비행기가 사라졌다"고. 그래서 "언제 비행기가 뜰지 모르겠다"고. 귀국하는 중동 노동자 112명을 태운 대한항공 858편 보잉 707기를 북한이 폭파한 날이었다. 김철빈은 이듬해 귀국했다. 88올림픽이 열렸다. 대한민국은 전혀 다른 나라로 변해 있었다.

아주 훗날 김철빈이 말했다. "40년 전 벡텔사 하청업체였던 대한민국 기업이 지금은 벡텔 수준으로 진화했습니다. 대학 시절 지하철은 런던이 최고고, 공항은 파리 드골공항이 최고라고 배웠습니다. 그런데 지금은 서울 지하철이 세계 최고입니다. 인천공항이 세계 최고입니다. 모든 게 이렇게 됐습니다. 고속도로 또한 한국이 최고입니다. 건설인으로서 자신 있게 말합니다. 대한국인 모두가 자랑스러워해도 됩니다. 공짜로 얻은 성과는 아닙니다. 그렇게 사막에서 땀도 흘리지 못하고 벌어들인 돈이 300억달러가 넘습니다. 선진 건설·토목사로부터 배운 노하우와 기술, 그리고 중동에 쌓은 신용은 달러로 환산이 불가능합니다. 진짜 열심히 했습니다. 이제 후배분들에게 맡깁니다."

인물 글쓰기의 전술

1. 제목: 인물 글쓰기의 어퍼컷

글쓰기는 제목이 반이다. 특히 인물 글쓰기에서 제목은 독자의 감정을 찌르는 어퍼컷이 되어야 한다. 앞 글 제목은 "땀 증발해 얼굴엔 소금만 남더라"다. 본문에서 인상적인 부분을 그대로 제목으로 만들었다. 그 한 줄만으로도 독자는 그 사람의 생애 전체를 상상하게 된다.

그런데 제목은 그 '사람'을 설명하지 않는다. 그 사람이 삽입된 어떤 순간을 압축해서 보여줘야 제목이다. 그래서 제목은 이름이 아니다. 김철빈이라는 이름을 몰라도, '땀 증발한 얼굴'이라는 제목으로 그 얼굴 주인공을 알고 싶게 만든다. 김철빈 이름은 부제에 넣으면 된다. '공군 장교 김철빈과 발리의 꿈'이라고. 공군 장교와 김철빈과 발리와 꿈. 서로 관계가 없을 법한 단어 네 개가 모여서 '굉장히' 호기심을 일게 하는 제목이 됐다.

좋은 제목은 이름을 외우게 하지 않고 상황을 각인시킨다. '눈썹 그을린 얼굴', '4개월 동안 단 하루 쉬었다', '금속으로 된 장기' 같은 제목은 모두 한 인생을 응축한 '장면'이다. 이 제목 한 줄이 그 사람의 정체성을 대신 말해줄 수 있다면 성공이다.

낚시성 제목이 좋은가, 구체적인 직설적 제목이 좋은가, 추상적 제목이 좋은가. 이들은 상황에 따라 달라진다. 다만 인물 글쓰기에선 대개 구체적이고 직설적인 제목이 효과적이다. 글로 끌어들일 수 있다고 생각되는 제목이 가장 좋은 제목이다.

2. 디테일: 잽으로 쌓는 감동

제목이 어퍼컷이라면 디테일은 잽이다. 디테일 수십 개가 쌓이면 삶 하나가 만들어진다. 디테일은 언제나 '팩트'라야 한다. "이 사람은 성실했습니다"라는 문장이 감동을 주나? 천만의 말씀이다. 하지만 "설날 하루만 딱 놀고 일했다. 그런데 5,000명 중에 근무 일수가 둘째였다"는 문장은 설명하지 않아도 감동적이다. 아, '감동'이라는 말은 '마음을 움직이게 한다'는 뜻이다. 문장에 힘이 있다는 말이다.

팩트는 설명을 대체한다. '어떻게 살았는가'를 말로 설명하지 않아도 살아낸 기록 몇 줄이면 그 사람 얼굴이 그려진다. 그렇게 글을 써야 한다. 팩트를 나열할 때 거기서 감정이 나온다. 눈물을 흘리게 만드는 글은 문장이 아니라 사실이다. 인물 글쓰기에서 디테일은 가장 강력한 무기이자 가장 위험한 함정이기도 하다. 디테일을 만들기 위해 많은 필자들은 조작을 하고 창작을 한다. 그런 허구는 디테일로 포장돼 있지만 결국 독자를 배신한다.

3. 취재: 디테일을 만드는 유일한 방법

팩트는 하늘에서 떨어지지 않는다. 직접 물어야 하고, 확인해야 하고, 찾아야 한다. 그래서 인물 글쓰기는 '사람을 만나야 시작되는 장르'다. 김철빈 이야기는 그가 '억지 중동 전문가'였다는 사실, '싸대기'라는 밀주를 만들었다는 디테일에서 시작된다. 말을 들을 줄 알아야 디테일을 수집하고, 글을 쓸 수 있다. 질문하지 않으면 디테일도 감동도 없다. 키보드를 치기 전, 인물에 관한 글은 이런 질문으로 시작해 보자. '당신은 왜 거기 있었는가?'

들어야 한다. 필자가 모르면 글을 쓸 수 없다. 소위 글 보따리를 먼저 채워야 한다. 그래서 인물에 관한 글은 경청의 기술을 익혀야 한다. 인터뷰가 아니라 채집이다. 단어 하나, 습관 하나, 말끝의 주저함 하나까지 수집해서 글 재료로 만든다. 이게 글의 살이고 뼈다(인터뷰 실전 기술은 뒤 장 '인터뷰 글쓰기'에서 상세히 다룬다).

또 다른 취재 항목은 자료 수집이다. 개인의 삶은 시대적 배경과 공간 속에 존재한다. 개인 서사는 공동체라는 맥락 속에서 울림이 더 강력하다. 사우디에 왜 수많은 한국인이 갔는가? 1980년대 중동 건설 붐은 어떤 경제사적 맥락 속에 있었는가? 이런 정보가 있어야 앞글 주인공 김철빈이 한 선택이 또렷하게 보인다. 객관적이고 신뢰할 수 있는 정보는 인터넷에서, 단행본에서, 논문에서 보완해 반드시 함께 써야 한다.

4. 함정: 신파는 감동이 아니다

"힘들게 살았다, 그래서 감동이다"라는 문장이 감동적인가? 그럴 리가 없다. 눈물 나게 쓰려고 애쓰는 순간 독자는 눈을 돌린다. 김철빈 이야기가 울림을 주는 이유는 '사우디에서 진짜 터빈을 박았기 때문'이다.

신파는 감정을 소비한다. 팩트는 감정을 축적한다. 인물 글쓰기에서 신파는 금지다. '불쌍한 이야기'는 아무리 길게 써도 독자의 공감을 얻지 못한다. 대신 '왜 그런 선택을 했는지' 보여준다. 한 줄로도 독자는 마음을 움직인다.

5. 설계: 서사 만들기

감정이 아니라 선택을 중심으로 삶을 구조화한다. 독자는 감정보다 선택에 감동받는다. 선택에는 이유가 있고, 그 이유를 따라가면 그 사람 내면이 드러난다.

인물 글쓰기에도 구조가 있다. 다음은 인물 글쓰기 설계의 한 예다:

- 강렬한 제목: 한 문장으로 핵심을 말한다.
- 시작 장면: 영화처럼 열어라. 첫 장면이 독자를 잡는다.
- 팩트의 교직(交織): 단순한 나열이 아니라 씨줄과 날줄로 옷감을 짜듯 팩트를 서로 얽어준다.
- 에필로그 혹은 말: 그는 왜 그렇게 살았는가.

예시문 분석 1

김철빈은 왜 살아났는가

> **포인트: 팩트로 감정을.** '사우디 햇볕에 눈썹이 그을렸다', '소금기 때문에 얼굴이 하얘졌다', '단 하루도 쉬지 않고 일했다'. 팩트가 감정을 퍼 나른다. 감동은 문장이 아니라 삶의 흔적에서 생긴다.
>
> **핵심 무기:** '눈썹이 그을렸다', '1mm 오차 없는 터빈 설치' 같은 현실 기반 디테일, 그리고 싸대기 밀주 같은 생생한 장면들이 무기다. 글에 생명력을 부여한다. 독자의 감정은 팩트가 쌓이면서 자연스럽게 따라온다. 억지 신파는 없다.
>
> **전략: 설계된 글쓰기.** 꿈(발리) → 현실(사우디) → 충돌(중동의 고됨) → 책임(터빈 설치) → 반전과 수용(자부심)으로 글이 전개된다. 감정 유도 없이, 구조화된 서사 안에 감정을 녹인다.

김철빈은 원래 '발리의 백사장'을 꿈꿨다. 그런데 그는 사막에서 일했다. 낙타 옆에서 사진을 찍고, 얼굴에서 땀이 증발하고, 싸대기 소주를 마셨다. 그리고 그는 1mm 오차도 없는 터빈 설치를 해냈다. 그건 감동이 아니라 경외다.

이 글은 감동을 유도하지 않는다. 눈물을 흘리게 하려는 문장이 없다. 대신 디테일이 있다. '사우디 햇볕에 눈썹이 그을렸다', '소금기 때문에 얼굴이 하얘졌다', '단 하루도 쉬지 않고 일했다', '그냥 오폭(誤爆)으로 한 방 때려줬으면'. 모두 실제 기록이자 현장 육성들이다. 이 디테일이 서사를 만든다.

김철빈이 겪은 삶이 맥락으로 이어진다. 그가 지닌 과거, 꿈, 선택, 고통, 자부심이 글을 관통하며 흘러간다. 그를 영웅이라고 부르면 글은 무너진다. 하지만 그가 내린 선택을 보여주면 글은 살아난다. 그래서 신파가 아닌 서사가 된다. 감동을 만들지 말고 감동을 증명하라. 예시글은 이렇게 끝난다. '김철빈은 이듬해 귀국했다. 88올림픽이 열렸다. 대한민국은 전혀 다른 나라로 변해 있었다.' 김철빈과 대한민국이 살아낸 결과가 이 세 문장에 압축돼 있다.

예시문 2

서독 막장과 병원에 바친 두 청춘
– 파독 광부와 간호사 최회석·정옥련 부부

"우리 결혼합시다." 1972년 초, 서울에서 9,000km 떨어진 서독 바덴 뷔르템베르크주 알렌시에서 스물네 살 먹은 사내 최회석이 말했다. 동갑내기 정옥련이 대답했다. "그러시죠." 시간이 별로 걸리지 않았다. 사내는 전북 김제에서, 여자는 경북 경주에서 나고 자랐다. 사내는 광부였고, 여자는 간호사였다. 사내는 베스트팔렌주 카스트로프-라욱셀시 에린(Erin) 탄광에서 일했다. 알렌시에서 북쪽으로 461km 떨어져 있었다.

그해 4월 1일 여자가 일하는 알렌시립병원 구내식당에서 약혼식을 올리고서 두 사람은 각각 집으로 전화를 걸었다. "아버지 나 약혼했고, 이제 결혼해요. 경주 여자요." "엄마, 나 결혼한다. 김제 남자다." "뭐, 경상도 간호원?" "뭐, 전라도 광부?" 1972년 그 봄날 두 집안이 뒤집혔다.

독일로 간 남자들

　1963년 크리스마스를 이틀 앞두고 신사복 차려입은 사내 123명이 김포공항을 떠났다. 일본 도쿄에서 비행기를 갈아탄 사내들은 미국 알래스카 앵커리지를 거쳐 서독 뒤셀도르프에 도착했다. 광부가 부족한 서독 정부와 일자리·외화가 부족한 대한민국 정부가 합의한 파독 광부 1진들이다. 광부 생활을 하다 온 사람도 있었지만 대부분 도시에 사는 고졸 이상 고학력자였다. 연탄은 알아도 석탄은 모르는 사람들이었다. 서독 광산에는 이미 터키·그리스·일본 광부들이 일하고 있었다. 서독은 한창 부흥하는 경제를 구가하던 중이었다. 밑바닥 노동을 떠맡을 외국인이 더 많이 필요했다.

　1진 출국을 석 달 앞두고 이상한 소문이 돌았다. 독일 탄광 800m 지하에 수도꼭지가 있는데 홍차가 나온다는 것이었다. 숙소는 호텔 부럽지 않고, 마음씨 곱기로 이름난 라인강변 미녀들이 점잖은 동양인 미덕과 배짱에 안 넘어갈 재간이 없다는 것이었다. 서너 달이 지나면 주머니도 부풀고 맥주 살도 부풀고 간땡이도 부어서 댄스홀에서 여자를 낚기도 한다는 것이었다. 신문에도 난 구체적인 이야기라서 뜬소문이라고 치부하기 힘들었다. 사내들은 그 소문을 주머니에 가득 넣고 서독에 도착했다.

　도착하자마자 이 후진국에서 온 청춘들한테서 회충이 발견됐다. 서독 노동 당국은 회충이 습하고 더운 공간에서 급속도로 퍼져 나간다고 생각했다. 사내들은 격리됐다. 영국에서 공수한 회충약을 복용했다. 그 사이에 광부들은 독일어를 배웠고 작업 장비 사용법을 배웠다.

계약 기간 3년 내내 사람들은 교육 기간에 배운 첫 독일어였던 '글뤽 아우프'를 입에 달고 살았다. 글뤽(Gluck)은 '행운', 아우프(Auf)는 '위로' 라는 뜻이다. 탄광 사람들이 갱도로 들어가며 서로에게 던지는 인사말이었다.

작업 첫날은 지옥이었다. '글뤽 아우프' 인사와 함께 엘리베이터가 순식간에 1,100m 아래로 내려갔다. 석탄 분쇄기가 뿜어내는 탄가루에 앞이 캄캄했다. 숨이 막혔다. 흙차가 흐르는 수도꼭지는 없었다. 한창 빛나야 할 젊은 날, 덥고 어두운 막장에서 사람들은 탄가루를 마셨다.

탄광 생활이 익숙해지고, 그만큼 고달파지면서 '글뤽 아우프'는 그냥 '아우프'로 바뀌었다. 천국이고 나발이고, 행운이고 불행이고 집어 치우고, 그저 올라만 가고 싶다는 뜻이었다. 1977년까지 모두 7,936명이 그랬다.

계란 노른자 30개를 삼키다

김제 청년 최회석은 그 7,936명 가운데 한 명이었다. 국민학교 교장 선생님인 아버지 슬하 6남매 가운데 다섯째였다. "군대나 가라." 큰형은 사람은 착한데 사고뭉치였던 동생을 그냥 놔두지 못했다. 그래서 회석은 입대했다. 북에서 남파된 김신조부대 덕택에 넉 달 연장 근무하고 제대하니 형이 또 말했다. "서독에나 가라."

그래서 광부로 지원했다. 몸무게가 합격선인 61kg에 조금 못 미쳤다. 형이 또 말했다. "계란 먹어라." 계란 노른자 30개와 우유를 마시고 겨우 통과했다. 서독 생활에 대해 익히 들어놓은 터라 두려움도 환상도 없었다. 그저 "해본 적 없는 효도, 돈 왕창 벌어서 해드리겠다"고 큰소리치고 김포공항으로 갔다. 1970년 10월 12일이었다.

효도, 원 없이 해드렸다. 나이 스물두 살 때부터 4만5000원 받는 교장 월급 세 배나 되는 돈을 꼬박꼬박 부쳐드렸고, 생각도 않던 손자 손녀까지 덜컥 안겨드렸고, 평생 관사를 떠돌던 아버지 환갑 선물로 김제 읍내에 서른 평짜리 집까지 사드렸다. 첫 송금 12만원을 받고 말없이 우는 아버지 앞에서 큰형이 말했다. "우리 가문 최고의 사고뭉치가 효도 하나는 제일 잘했다."

독일로 간 여자들

1960년대 대한민국은 남자보다 여자에게 더 가혹했다. 고학력 여자에게도 일자리는 드물었다. 그 여자들도 꿈을 꾸었다. 가난한 나라를 벗어나 돈을 많이 벌고, 신문물을 경험하리라.

그런 대한민국 여자들에게 서독에서 일자리를 내밀었다. 1965년 독일에 있던 한국인 의사 이수길·이종수가 한국인 간호사 18명을 데려갔다. 그 후 해외개발공사가 독일병원협회와 계약하고 본격적인 간호사 송출 사업을 시작했다. 1968년 서독 경기 침체로 89명까지 감소한 적도 있었지만 매년 1,500명 정도로 1977년까지 모두 1만371명이 서독으로 갔다. 간호사 1명에 간호조무사 5명꼴이었다. 스무 살을 갓 넘긴 어린 여자들이 서독 전역의 450군데 병원으로 흩어져 환자를 돌봤다.

정옥련은 대학을 졸업하고 병원에서 일하다가 서독으로 갔다. 그녀가 받던 월급이 2만원이었는데 서독에서는 600마르크, 그때 환율로 5만4000원을 준다고 했다. 앞뒤 재지 않고 원서를 쓰는 이 7남매 중 막내딸에게 엄마가 말했다. "시집가라." 딸이 말했다. "듣기 싫다, 엄마. 나 갈란다, 무조건 갈란다." 말리지 못했다. 모범생으로 자란 당찬 딸이었다. 엄마는 몸조심하고 꼬박꼬박 편지하겠다는 다짐을 받고 딸을 보냈다.

1971년 7월 31일 정옥련이 서독에 도착했다. 자기가 김제 사는 교장 선생님한테 효부(孝婦)가 될 줄은 꿈에도 몰랐다. 대신 부유한 신여성이 되는 꿈을 꾸었다. 도착한 다음 날 옥련은 알렌시 시립병원 산부인과 수술실에 배치됐다. "반드시 한국인 간호사를 보내달라"고 시청에 강력하게 요청해 놓은 병원이었다. 한국 간호사를 써본 병원들은 죽으라고 일하되 일 하나는 깔끔하게 잘하는 한국인을 높게 평가하고 있었다.

1971년 크리스마스

막장에서 고생하던 회석에게 두 번째 성탄절이 왔다. 신참 동료를 따라 알렌으로 놀러 갔다. 동료 여동생이 간호조무사로 일한다고 했다. 500km를 남하했다. 오랜만에 남이 해주는 밥도 얻어먹고 병원 뒤 숲에 놀러도 갔다.

그때 정옥련을 만났다. 스물세 살짜리 청년이 1년 만에 처음으로 한국말을 하는 동갑내기 예쁜 여자를 만나 밥 한 끼 얻어먹고 기약 없이 작별했다. 운전이 될 리 만무했다. 탄광으로 돌아가는 폴크스바겐 승용차는 휴게소만 보이면 깜빡이를 켜며 멈췄고 회석은 공중전화 부스로 달려가 전화를 걸었다. 휴게소가 없을 때까지 전화질은 계속됐다. 회석은 연애편지를 써대며 자기가 사는 곳으로 놀러 오라고 부탁했다.

해가 바뀌었다. 옥련과 회석은 도르트문트역에서 재회했다. 기대도 않던 인연이 사랑으로 바뀌었다. 넉 달 만에 남자와 여자는 병원 식당에서 약혼식을 올렸다. 만우절이었다. 그날 지구 반대쪽 서로 260km 떨어진 김제와 경주 양가는 9,000km 서쪽에서 걸려온 전화 한 통에 난리가 났다.

"경상도 여자는 음식 솜씨가 없으니 결사반대다."

"니가 좋다 카이 할 수 없지만, 그래도…."

경상도 양반과 전라도 양반 사이에 기싸움이 벌어졌다. 신랑 신부 없이 마련된 상견례 자리에서 남자 집은 여자 집에 여자가 입던 한복 한 벌을 요구했다. 미래의 시어머니는 마을 뒷산으로 올라가 한복을 훨훨 태웠다. 불상사들을 액땜한다고 했다. 동갑내기들은 이듬해 4월 7일 에린 광산의 한 호텔에서 결혼식을 올렸다.

지혜로운 시어머니 덕이었을까, 어리디어린 광부 신랑과 간호사 신부는 무탈하게 막장과 수술실에서 돈을 벌었고, 두 아이를 낳았으며, 파파 할머니 할아버지가 된 지금은 "젊은 날 대단히 멋진 경험을 했노라"고 주위에 말한다. 하지만 대단히 멋진 경험뿐이었을까.

"Tod! Tod!(죽음! 죽음!)"

1971년 성탄 시즌, 카스트롭-라욱셀에 있는 빅토르 이케른 탄광에서 한국인 집단 사형(私刑) 사건이 터졌다. 상습적으로 카메라·와이셔츠·스타킹·믹서·벽시계·양산 등을 훔치다 걸린 20대 한국인 광부에게 동료 한국인 200여 명이 자살을 강요한 것이었다. 광부들은 절도범을 포승줄로 묶고서 "투신해서 속죄하라"고 외치며 도르트문트 엠젤 운하를 향해 3열 종대로 행진했다. 경찰은 헬기에 기관총까지 동원해 사건을 진압했다. 주동자들은 추방되거나 자발적으로 귀국했다. 그 전날 한국에서 터진 대연각호텔 화재 때문에 가뜩이나 열등감에 사로잡힌 한국인들이 벌인 사건이었다. 가난 탓에 이국에서 고생하는 울분이 그날 폭발했다. '대단히 멋진 경험'과는 거리가 멀었다.

3교대 8시간 근무로는 부모 속 썩인 보상이 모자랐다. 회석은 하루 14시간씩 지옥에 머물렀다. 결원이 생기면 무조건 그 자리를 메꿨다. 다 돈이었으니까. 뭐든 불편하고 위험하면 무조건 지원했다. 저층 갱도일수록 수당이 높았다. 지열이 42도가 넘었다. 하지만 석탄 조각이 몸에 박힐까 봐 작업복은 벗을 수 없었다. 오줌도 나오지 않았다. 물은 마시는 족족 땀으로 증발했다.

잠깐 장비 가지러 입구까지 갔다 와 보면 천장이 무너져 있고 바위더미 사이로 동료의 장화가 보였다. 그럴 때면 회석은 비상 전화로 달려가 "Tod! Tod!(죽음! 죽음!)"라고 고함을 질렀다. 3년 동안 세 번이나 고함을 질렀다. 1m라도 더 갱도를 뚫으면 나오는 성과급을 받겠다고 드릴을 박아대는 사람은 대개 한국인이었다. "그 망치로 내 손톱 한 번

쳐달라"고 하는 사람도 있었다. 공상(公傷) 처리가 돼서 쉴 수도 있었으니까. 아침에 밥을 해 먹으려면 손가락을 10분 이상 주물러야 손이 펴졌다. 40년 세월이 흐르고 나서 "김치만 있으면 밥 먹을 만했고, 돈을 생각하면 그런 고생은 고생도 아니었다"고 회석은 말한다. 남 마음 편하게 하려는 거짓말이라는 거, 다 안다.

　요양원에 배치된 여자들은 심신이 망가졌다. 노인들이 불쌍해서 마음이 망가지고 그 불쌍하고 덩치 큰 노인들 대소변을 받고 돌려 눕히느라 몸이 망가졌다. 외과 병동에서는 덩치 큰 환자들을 돌보느라 몸이 힘들었다. 소아과나 내과 같은 곳에 가면 말이 안 통해 마음이 힘들었다. 몸을 많이 써야 하는 간호조무사들은 남자들만큼 힘든 노동에 몸살을 앓았다.

　옥련은 야근도 자청하고 쉬는 날에는 다른 병원도 다니며 번 돈은 몽땅 집으로 송금했다. 쉬는 날이면 노천카페에서 커피 한 잔 사서 숲을 산책하거나 친구들과 방에서 수다를 떨었다. 돈 쓸 일이 없었다. 알렌 병원 생활 1년이 채 못 돼 오빠가 결혼한다고 연락이 왔다. 옥련이 은행에 가서 1만마르크를 부쳤다. 깜짝 놀란 행원이 통장을 몇 번씩 재확인하며 물었다. "아니, 네가 이 큰돈을? 1년도 안 됐는데?"

"아비는 광부였노라"

　3년 계약이 끝났다. 귀국한 동료도 있었고 서독에 남은 동료도 있었다. 최회석처럼 간호사를 만나 결혼한 사람도 있었다. 회석은 옥련의 선배 언니 남편이 주선해 렌즈 회사에 취직했다. 칼자이스였다. 월급도 올랐고 몸도 편해졌다. 수술실에 근무하던 옥련은 맘씨 착한 환자 폰 짐 보스키 부부가 예쁘게 보고 수양딸로 삼았다.

1976년 5월 20일 아들 남우가 태어났다. 부부는 근무시간을 엇갈리게 조정해 남우를 키웠다. 2년 뒤 6월 9일 딸 남희가 태어났다. 귀국을 결심했다. 시간 조절로 해결될 살림이 아니었다. 1979년 최회석은 아들 남우를 데리고 귀국했다. 이듬해 봄 정옥련은 딸 남희를 안고 귀국했다.

부부는 서울에서 안경점을 운영하다가 경기도 성남에 다세대주택을 지었다. 아이들이 다 큰 다음에야 회석은 "아비가 광부였노라"고 털어놓았다. 대단히 멋진 경험이었지만 너무나도 지독한 고생담, 그래서 자랑하기에는 쑥스러운 경험이었다. 그 쑥스러운 경험을 통해 청춘남녀들이 송금한 돈은 미국 돈으로 1억달러가 넘었고, 그 사이에 공식적으로 사내 29명이 탄광 사고로 목숨을 잃었다. 최회석이 일했던 에린 광산은 1984년 폐쇄됐다.

훗날 간호사와 광부가 말했다. "일찍 사랑을 만나서 외롭지 않았습니다. 편지에는 '돈 잘 벌고 잘 먹고 산다'고 했습니다. 힘들어 못 살겠다는 소리는 차마 쓰지 못했습니다. 그때 그 누가 악착같지 않았으며, 그 누가 호강했다고 할까요. 다들 그랬으니까요. 오히려 우리는 어린 나이에 선진국에서 아들딸 키우며 재미나게 살았습니다. 그게 고생이었고 외로움이었고 서글픔이라 하는데, 세월이 흘러 지금 보니 다 추억입니다. 정말이지, '찐하게' 살았고, 주제 파악 잘하고 산 것 같습니다. 힘들었지만 즐거웠습니다. 늙은 우리가, 젊었던 그때 우리에게 고맙습니다."

예시문 분석 2

공동체로 살아낸 사람들

> **포인트**: 시대의 얼굴로 확장된 광부와 간호사의 삶. 1960~1970년대 대한민국 청춘 전체의 선택과 그 시대 구조가 팩트를 통해 투영된다.
>
> **핵심 무기: 팩트**. 디테일들이 주는 감정을 눈여겨보라. '계란 노른자 30개', 'Tod! Tod! 외침', '한복을 태운 시어머니' 같은 구체적이고 강력한 장면들이 감정을 자극하지 않고 설득한다. 공감은 신파 없이 기록으로 유도된다. 광부, 간호사가 느낀 외로움에는 과장이나 미화가 없다. 그들이 내린 선택만 묘사돼 있다. 개개인이 가진 서사가 공동체 서사로 확장돼 있다. 역으로, 대한민국이 살았던 거대한 서사가 개인 삶에 녹아 있다. 팩트가 감동이다.
>
> **전략: 설계된 글쓰기**. '결혼'이라는 사적인 도입 → 파독 역사 → 각자의 노동과 고통 → 귀국 → 회상이라는 구도로 설계돼 있다. 감정은 전시되지 않고 맥락 속에서 독자 스스로 느끼게 된다.

최회석과 정옥련 스토리는 감정을 전시하지 않는다. 감정을 환기시킨다. 디테일로 시작해 설계된 구조로 밀고 들어간다. 최회석이 서독으로 가게 된 동기는 큰형이 반복적으로 던진 말들이다. '시집가라'고 던진 엄마 말은 서독으로 가겠다는 당찬 딸에게 더 큰 오기를 심어줬다. 두 사람 인생이 서로 교직하며 역사적 맥락 속에서 만난다. 그래서 간호사 한 명, 광부 한 명 이야기가 아니다. '그 시대, 그 세대의 선택'을 보여준다. 감정을 자극하지 않고 맥락으로 설득한다. 단순한 개인사는 '구조' 위에 놓여야 힘이 생긴다. 결국 이 글도 디테일과 설계된 구조로 말한다. 울림은 과장 없이, 자료와 사실로 쌓인다. 그리고 글은 질문 하나에 대답하고 있다. "당신은 왜 그렇게 살았습니까?" 인물 글쓰기는 질문에서 시작해 그 질문으로 끝난다.

정리: 사람 이야기는

핵심 메시지	인물의 진짜 얼굴. 겉이 아니라 결정으로 유도하는 감정이입.
주된 무기	디테일한 팩트 / 극적 대비 / 결정적 순간 묘사
실전 전략	① 팩트를 대비시키는 서사 설계 ② 이미지 중심의 디테일 ③ 약한 순간·결정적 선택의 묘사
금기사항	① 신파적 과장 ② 감정에 기댄 추상적 미화 ③ 스펙·이력만 나열하는 글
이 장르의 착각	'훌륭한 사람' 소개가 목적이라는 착각
마지막 장면	첫 문장에서 몰고 온 장면들의 종합. 설명은 필요 없다. 보여줘라.

실습: 한 사람의 삶을 써보자

인물 글쓰기는 '감탄'이 아니라 '채집'이다. 멋있는 말을 쓸 필요도, 눈물 나는 문장을 만들 필요도 없다. '그 사람이 했던 말, 겪은 일, 선택한 순간'만 정확히 써라. 그게 감동이다.

예시 주제 1: 오래 잊고 있던 누군가

제목: '나는 그 사람을 왜 잊지 못하는가'

실습 방향:
- 오래전 알았던 누군가, 아주 짧게 스쳐간 인물
- 이름도 희미하지만, 어떤 '장면'이 지금도 떠오른다.
- 그 사람의 말 한마디, 행동 하나가 왜 오래 남았을까?
- 그건 그 사람이 위대해서가 아니라, 선택이 기억에 남는 순간이 있었기 때문이다.

팩트로 끌고 가는 팁:
- 그 사람의 말투, 손짓, 몸에 밴 어떤 습관 하나를 먼저 묘사해보자.
- 그 사람이 살았던 시대와 직업에 대한 객관적인 자료를 수집해서 녹여보자.

예시 주제 2: 노동하는 사람

제목: '일하다가 본 얼굴'

실습 방향:

- 당신이 일했던 곳에서 만났던 어떤 사람
- 공사판, 식당 주방, 야간 편의점, 콜센터, 병원, 회사 등
- 그 사람이 '어떤 일을 어떻게 했는가'를 디테일하게 써라. 그 사람을 존경한 적이 있다면 그것은 '말'이 아니라 '행동의 디테일' 때문이다.

팩트로 끌고 가는 팁:

- 그 사람의 일과 중 당신이 직접 본 장면을 하나만 고르자.
- 감탄하지 말고, 그 사람이 그 일을 '어떻게 했는지'만 써라.
- 그 사람이 살았던 시대와 직업에 대한 객관적인 자료를 수집해서 녹여보자.

요점 정리

1. 인물은 팩트로 만든다.
2. 감동은 팩트와 삶의 기록에서 나온다.
3. 신파가 아니라 서사로 승부한다.
4. 묘사가 아니라 구성을 통해 인물을 기억시킨다.
5. 핵심은 '어떤 순간을 보여줄 것인가'다.
6. 디테일은 수십 번 쌓아서 삶을 만드는 잽이다.
7. 팩트는 취재를 통해 묻고 확인하고 찾아서 얻는다.
8. 채집과 선택으로 강렬한 말과 경험과 순간을 보여줘라.

5장

팩트에서 피어나는 감정,
수필

수필에 대한 핵심은 아래와 같다. 이를 염두에 두고 예시문을 살펴보자.

> **핵심 정리**
>
> **포인트**: 감동은 표현이 아니라 사실에서 온다. 수필은 '감정의 나열'이 아니라 '팩트의 배열'이다. 감정 고백이 아니다. 고백할 감정을 증명하라.
>
> **핵심 무기**: 복선과 반전. 섬세한 묘사. 결정적인 팩트.
>
> **전략**: '예쁜 말로 감동을 유도하지 마라. 수필은 '발견의 서사'다. 표현은 지울수록 좋아지고, 사실은 살릴수록 힘이 생긴다.

예시문 1

삶은 홀수다[*]

김별아[**]

  계집아이들이 이마를 맞대고 귓불에 입술이 닿을 듯 바싹 다가앉아 속닥거린다. 시시풍덩한 얘기에도 배를 잡고 뒹굴며 웃고, 화장실에 갈 때조차 서로의 손을 잡거나 팔짱을 낀 채 몰려 나간다. 사내아이들이 힘의 강약에 따라 서열을 만드는 것과 대비되어, 계집아이들은 무리를 짓고 단짝을 찾는다. 끼리끼리 어울려 다니며 자기들끼리만 아는 비밀을 주고받는다. 가족들에게도 말하지 않는 이야기를 털어놓고 아무에게도 밝히지 않겠노라고 손가락 도장을 꾹꾹 눌러 찍는다.
  무리를 둘러싼 벽은 단단해 보였다. 아무래도 쉽게 넘나들 수 없을 것 같았다. 그래서 나는 좀처럼 그 무리에 끼어들 수가 없었다. 좋아하는 연예인이나 선생님도 없고, 선물 가게와 옷 가게를 드나드는 일에는

---

[*] 김별아, 산문집 《삶은 홀수다》(한겨레출판, 2012) 발췌
[**] 1969년 강릉 출생, 2005년 제1회 세계문학상 《미실》, 저서 《월성을 걷는 시간》, 《우리가 사랑하는 이상한 사람들》 등 다수

흥미가 없고, 분식집에서 죽치며 몇 시간씩 수다를 떠는 일에도 젬병이었기 때문이다. 어둡고 소심한 나 자신이 싫기도 했지만 무리에 속하기 위해 나를 버리고 바꿀 수는 없었다. 어려서부터 나는 혼자였다.

어른이 되어서도 나는 혼자다. 하지만 이제는 더 이상 혼자라는 사실을 꺼려하며 무리의 주변을 맴돌며 기웃거리거나 비굴한 웃음을 흘리지 않는다. 독일의 심리상담가 마리엘라 자르토리우스의 말을 삶 속에서 깨우치게 되면서부터다.

"사람들이 가장 두려워하는 것은 '홀로 있는 것'이 아니라 '외톨이로 여겨지는 것'이다."

사람들은 여전히 무리를 짓는 일에 열심이다. 모임을 만들고, 시시때때로 연락을 하고, 시간을 쪼개어 약속을 잡는다. 휴대폰이 울리지 않는 날에는 우울해지고 나만 빼놓고 저희들끼리 만나고 있을까 봐 걱정을 한다. 식당에 들어가 혼자 밥을 먹으면 사람들이 이상한 눈길로 쳐다볼까 봐 차라리 굶기를 택하고, 결혼사진을 찍을 때 배경이 되어줄 친구들이 없는 게 부끄러워 대행서비스를 통해 하객을 사기도 한다. 인맥을 잘 관리하는 것이 성공의 비결이요, 사회생활에서는 인간관계가 곧 재산이라는 말을 들으면 마음이 더 조급해진다.

그런 이들은 '홀로 있는 것'이 얼마나 재미있고 자유로운 일인지를 알지 못한다. 혼자만이 만끽할 수 있는 기쁨과 그것을 통해 풍요로워지는 삶의 비밀을 모르기 때문이다. 동행 없이 홀로 산책을 하면 남의 보폭에 나를 맞출 필요가 없다. 쇼핑을 할 때 혼자라면 타인의 취향을 강요당할 염려가 없으니 유행보다 개성을 따를 수 있다. 아직까지 혼자 뷔

페에 가거나 고깃집에서 삼겹살 2인분을 당당히 구워 먹고 나온 적은 없지만, 홀로 기차를 기다리며 역전 재래시장의 식당에서 순댓국을 안주 삼아 소주 반 병에 얼근히 취했던 기억은 내가 경험한 어떤 여행의 추억보다 멋진 것이다.

외로워서 그리운 게 아니라 그리워서 가만히 외로워져야 사랑이다. 마음의 허기를 채우기 위해 허겁지겁 사랑하기보다는 지나친 포만감을 경계하며 그리움의 공복을 즐기는 편이 낫다. 무릇 성숙한 인간관계란 서로에게 보상을 기대하지 않는 것이다. 언제 어디서라도 내가 주고픈 만큼 돌려받을 생각을 하지 않고 깜냥껏 베풀면 그만이다. 그러니 정기적으로 만나거나 단짝처럼 붙어 다니는 친구가 없어도 서운하거나 불안치 않다. 진정한 믿음과 이해는 미주알고주알 일상을 보고하지 않아도 내가 살아가는 삶의 방식을 통해 전달된다.

삶은 어차피 홀수다. 혼자 왔다가 혼자 간다. 그 사실에 새삼 놀라거나 쓸쓸해할 필요는 없을 것이다. 스스로 자신의 가장 좋은 벗이 되어 충만한 자유로움을 흠뻑 즐길 수 있다면, 홀로 있을지언정 더 이상 외톨이는 아닐 테니까.

> 예시문 2

비밀*

김별아

  윤달이 시작되기 전 초가을에 약혼을 하고, 내년 봄에 결혼 날짜까지 받은 은경은 새각시가 될 꿈에 부풀어 있기보다는 공연히 우울하고 마음이 산란했다. 약혼자 성현과는 사내에서 만나 2년간의 열렬한 비밀연애 끝에 마침내 결혼에 골인하게 되었고 성실하고 건강한 그에게 별다른 불만이라곤 없건만, 자꾸만 심란해지는 이유가 무엇인지 은경 자신도 알 수 없었다.
  "결혼 직전엔 다 그래. 막상 미혼의 자유로움을 포기하려니 억울하기도 하고, 낯선 결혼생활에 적응할 두려움도 있겠지. 그래도 너무 그 생각에 집착하지는 마. 결혼했다 뭐다 하려면 지금부터 서둘러야지?"
  은경보다 먼저 결혼한 친구들은 어느새 어른처럼 은경을 타이른다. 하지만 그들의 말에 고개를 끄덕이다가도 집에 돌아오면 다시 허전하

• 김별아, 1995년 11월 잡지 〈나드리〉, '꽁트/작가 초대' 발췌

고 괜스레 집안을 둘러보게 되었다.

아빠가 중학교 입학 선물로 사주신 손때가 묻은 학생용 호마이카 책상, 동생과 함께 장난을 치다 한쪽 거울을 깨뜨린 안방의 자개 장농, 은경의 꿈을 키워주었던 동화책들과 고등학교 시절까지 보물 제1호였던 구식 오디오 시스템… 모든 것들이 저마다 이야기와 추억을 담고 있었다. 이 모든 것을 남겨두고 홀로 낯선 곳으로 떠나야 한다니.

은경은 백화점에서 엄마와 함께 구경한 세련된 가전제품이며 화려한 가구들에 둘러싸여 살기보다는 차라리 이 낡은 것들 사이에서 오래오래 살고 싶었다. 하지만 어차피 은경은 부모님의 품을 떠나 홀로서기를 해야 할 처지였고, 지금의 감상은 다만 안타까운 절차일 것이다.

그 사이에 부쩍 커버린 걸까, 은경은 어느덧 주름살투성이 얼굴에 머리가 희끗해진 부모님을 예전과는 다른 눈으로 바라보고 있었다. 당신들의 얼굴에 깊이 새겨진 주름살 하나하나가 거짓말 같은 은경의 성장을 대변하고 있는 것만 같았다.

"우리 떼쟁이는 언제까지나 일곱 살일 줄 알았는데…."

눈부시게 아름다운 웨딩드레스를 맞추고 오던 날, 엄마는 은경의 머리를 쓰다듬으며 말을 잇지 못하셨다.

유난히 잔병치레가 많고 시샘도 많아 부모님의 속을 많이 끓여드린 은경, 사춘기 시절에는 또 얼마나 유별나게 성장통을 앓았던가. 은경은 그 모든 일들을 가슴 한 켠에 묻고, 두고두고 추억하고 후회할 것만 같다.

은경은 요즘 회사에서 일찍 돌아오면 조금씩 책이며 사진 정리를 하곤 했다. 어릴 적 읽던 '번데기 야구단'이며 '사랑의 학교' 따위의 만화책을 펼쳐보며 낄낄거리기도 하고, 귀퉁이가 낡은 흑백사진들 속에 담긴 옛 추억들을 회상하기도 했다.

"엄마, 이 사진들 다 가져가도 돼?"

"안 돼. 사진첩은 가져가지 마. 가끔 와서 보면 되잖아."

그 무슨 소중한 보물이라도 된다고, 엄마는 좀처럼 은경에게 사진첩을 내어주지 않으려 하셨다. 은경의 부재를 좀처럼 인정하고 싶지 않은 엄마의 그 마음을 이해할 수 있기에 은경도 잠자코 사진첩을 놓아두고 가기로 했다.

그러던 중 이것저것 잡동사니들을 정리하다가, 은경은 빨간 비로도 겉표지에 금장장식이 붙은 작은 상자 하나를 발견하게 되었다. 무언가 소중한 것을 담아놓은 듯 잘 싸여진 그 속에는 뜻밖에도 엄마 아빠가 연애시절 나누었던 편지와 사진 따위가 잔뜩 들어 있었다. 엄마 아빠도 자주 들추어 보지는 않으셨던지 이마에 뽀얗게 먼지를 얹고 있는 그것들은 은경이 결혼을 할 나이가 될 정도로 지난 세월만큼이나 빛이 바래어 있었다. 은경은 묘한 장난기가 발동하여 엄마 아빠의 젊음 한 귀퉁이를 훔쳐보기 시작했다.

'내 사랑 영자 씨'로 시작되는 유치찬란한 아빠의 연애편지에 배를 잡기도 했고, 가수 윤복희가 유행시켜 개나 소나 다 입었다는 미니 스커트를 입은 엄마의 뭉툭한 다리를 보고 혼자 깔깔대기도 했다. 그런데 그 편지 사이에서 귀퉁이가 누렇게 된 사진 한 장이 갑자기 툭 떨어졌다. 사진관에서 찍은 듯 엄마 아빠가 나란히 의자에 앉아 있는 인물사진이었는데, 사진 한 켠에 '약혼 기념'이라고 써져 있는 것이었다.

"이걸 왜 사진첩에 끼워두지 않고 여기 두셨지?"

따로 사진함에 정리해 두려고 옆으로 밀쳐두다가, 은경은 문득 의아스런 느낌을 받았다. '약혼기념'이라는 글씨 아래 새겨진 '1968년 9월 9일'이라는 날짜가 아무래도 이상했기 때문이다. 엄마 아빠의 결혼 기념일은 4월이고 맏딸인 은경의 생일은 1969년 10월이었기 때문에 은경은 당연히 엄마 아빠가 1968년에 결혼하신 걸로 알고 있었던 것이다.

"어, 이상하다. 이 계산이 어떻게 된 거지?"

그러다 문득 은경은 웃음을 터뜨리고 말았다. 이제서야 엄마 아빠가 약혼 사진을 숨겨두고 보여주지 않았던 이유를 알게 되었다.

"그러니까 엄마 아빠가 약혼만 하고 날 가지셨다는 거지? 어쩐지 약혼식 후에 성혁 씨랑 여행이라도 가겠다 할 때 그렇게 말리시더니. 그럼 난 뱃속에서나마 엄마 아빠 결혼식에 참석한 셈이네."

저녁 식사 후 온식구가 둘러앉아 과일을 먹는 자리에서 엄마에게 한마디를 툭 던졌다.

"엄마, 나 알고 보니 육삭둥이였대. 그때는 인큐베이터도 없이 집에서 낳았을 텐데 어떻게 이렇게 멀쩡히 살아남았을까?"

"무슨 소리니?"

은경은 그제서야 대단한 비밀이라도 발표하는 양 호들갑을 떨어가며 약혼 사진을 꺼내놓았다. 그러자 평소에 말이 없고 무뚝뚝하기만 하던 아빠의 얼굴이 갑자기 새빨개졌고 동생은 덩달아 "한명회는 칠삭둥이인데 누나는 육삭둥이야?"하며 능청을 떨어댔다.

엄마 아빠에게도 그런 정열의 젊은 날이 있었다니, 은경은 장난스럽게 부모님의 속도위반을 놀려댔지만 가슴 한 켠이 따뜻하게 데워지는 느낌이었다. 마치 밤새워 연애편지를 쓰던 청년의 모습처럼 안절부절 못하며 얼굴을 붉히는 아빠의 모습이 더욱 정겨웠고, 역시 숏다리임에도 불구하고 미니 스커트를 입고파 했던 소녀의 모습처럼 부끄럼을 타는 엄마에게 세월을 뛰어넘는 동질감을 느꼈다.

때아닌 자식들의 놀림을 받게 된 엄마는 당황하여 겨우 한 마디만을 흘리셨다.

"얘는, 그래도 우리는 약혼식까지 다 했으니 사고 친 건 아니다 뭐!"

그리고 민망해진 엄마와 아빠는 과일도 안 먹고 서둘러 안방으로 돌아가 버리셨다. 아무래도 은경이 육삭둥이 아닌 육삭둥이라는 사실은 비밀로 다시 묻어두는 것이 나을 듯했다.

수필의 전술

1. 수필은 '팩트의 고백'이다

수필은 흔히 '감정의 글'이라 오해받는다. 맞는 말인데 틀린 말이다. 정확히 말하자면 감정을 '증명하는' 글이다. 마음이 움직였던 순간을 쓰되, 그 감정을 '설명'하면 안 된다. 감정을 '보여줘야' 한다. 무엇으로? 팩트로. 잘 쓴 수필에 감동받는 독자들도 자기들이 감정에 감동받는 줄 착각한다. 하지만 분석적으로 수필을 읽어보면 감동 포인트는 감정이 아니라 팩트다. 그 팩트가 실어날라 준 감동을 독자들은 읽는다. 그런데 흔히 독자들은 감동이 전달되는 과정을 망각하고 감동 자체만 느껴버린다.

절-대-아-니-다. 감동은 팩트를 통해 전달된다. 거꾸로 팩트 없는 감동은 감동이 아니다. 과잉 감동의 강요일 뿐.

김별아의 수필 '삶은 홀수다'는 철저한 '팩트 기반 글쓰기'다. 이 수필을 한 줄로 요약하면 이렇다.

'나는 혼자다. 그런데 괜찮다.'

이 단순한 결론에 도달하기까지, 작가는 감정이 아니라 '경험'을 배치한다. '역전 재래시장 순댓국집에서 소주 반 병에 얼근히 취한 기억'이 그 상징적인 문장이다. 혼술이 주는 뉘앙스와 분위기를 통해 필자 김별아는 '스스로 자신의 가장 좋은 벗이 되어 충만한 자유로움'을 독자에게 전한다. 만일 역전 앞 혼술이라는 경험 없이 삶은 홀수라고 주장한다면 그 글은 얼마나 공허하게 됐을까.

두 번째 수필 '비밀'도 마찬가지다. 이 수필을 읽는 독자들은 주인공이 느끼는 부모에 대한 사랑을 함께 느낀다. 그런데 글 어느 구석에 '사랑'이라는 단어가 있는가. 대신 '약혼 사진', '날짜', '사진첩', 엄마와 아빠, 동생이 그 단어들 앞에서 드러내는 반응으로 사랑을 느낀다. 좋은 수필은 아름다운 문장이 아니라 경험 즉 팩트에 대한 정확한 발견 위에 건축된다.

2. 디테일: 서사를 위한 주력 무기

수필의 진짜 구조는 '감정 – 사실 – 감정'이 아니다. '사소한 팩트 – 의아함 – 감정적 깨달음'이다. 김별아의 '비밀'은 사진 한 장에서 출발한다. 그 사진에는 '1968년 9월 9일'이라는 날짜가 적혀 있다. 이상하다. 부모님 결혼식은 이듬해 봄이고, 자신은 가을에 태어났다? 독자는 이 팩트를 함께 따라간다. 그리고 결론은 이렇다.

'난 육삭둥이였대.'

웃음과 감성이 동시에 터지는 마지막 한 줄. 이 수필이 울림을 주는 이유는 '육삭둥이'라는 말이 너무 귀엽거나, 엄마 아빠가 사랑을 해서가 아니다. '사실을 끝까지 밀고 가서 감정을 이끌어냈기' 때문이다. 김별아가 쓴 이 '비밀'은 형식적으로는 짧은 소설 꽁트다. 하지만 실질적으로는 수필이다. 주인공 은경은 생일이 1969년 10월이고, 작자 소개글에는 김별아가 1969년생으로 나와 있다. 그러니까 은경이 바로 김별아다. 주어가 '나'일 때와 다른 사람일 때 수필에 담을 수 있는 내용은 많이 달라진다. '비밀'은 소설 형식을 취했을 때 더 사실적이 되고, 독자 마음을 더 울린다.

3. 함정: '예쁜 말'

선물 박스가 아니라 선물이 중요하다. 글도 마찬가지다. 독자들은 표현에도 혹하지만 그 표현이 감싸고 있는 실질에 매혹된다. 덕지덕지 화장품을 바른 미녀와 자연미인 차이라고 보면 된다. 화장품, 그러니까 예쁜 표현과 멋진 문장에 집착하면 수필은 망가진다. 수필은 이야기를 보여주는 글이지, 마음을 감동시키는 글이 아니다. '슬펐다'는 말은 필요 없다. '그 순간의 사실'을 독자들 마음에 들이밀면 독자가 운다. 김별아 수필에 그런 순간적 사실이 곳곳에 배치돼 있다.

- 남의 보폭에 나를 맞출 필요 없는, 동행 없는 나 홀로 산책
- 엄마가 사진첩을 내주지 않던 장면
- 순댓국집에서 혼자 먹던 술 한잔

예쁜 문장이 아니라, 정확한 장면. 수필의 핵심이다. 서럽다 서럽다, 외롭다 외롭다, 자유다 자유다 소리질러 봤자 소용없다. 서러운 장면, 외로운 장면과 자유인 순간을 구체적이고 또렷하게 보여주면 사람이 운다.

4. 수필 쓰기의 5단계 설계

① **시작:** 평범하게. 첫 문장은 중요하다. '중요'가 '무겁다'거나 '화려함'을 뜻하지 않는다. 수필은 잔잔하다. 잔잔함 속에 가랑비처럼 사람 마음을 열어젖히는 글이 수필이다. 그런데 수필가 지망생들은 첫 문장 혹은 첫 번째 장면에서 자기 의도를 화끈하게 노출하는 실수를 한다. 그게 맞는 줄 안다. '삶은 홀수다'는 읽기 쉽다. 속닥거리는 계집아이들이 문을 열었으니까. 글 중간에 나오는 독일 심리상담가 마리엘라 자르토리우스가 문을 열면 읽을 방도가 막막하다. '사진을 정리하다가', '서랍을 열다가', '기차를 기다리다가' 같은 평범한 팩트로 시작한다. 무게 잡지 마라.

② **팩트 툭 던지기:** 오래된 사진, 이상한 날짜, 기억의 편린 따위.

③ **팩트에 감정 집어넣기:** 서운함, 이상함, 놀람, 웃음.

④ **감정 '보여주기':** '사진을 보니 슬펐다'가 아니라 '그 사진을 다시 덮어버렸다'라고 쓴다.

⑤ **마무리 문장:** '삶은 어차피 홀수다' 혹은 '그 사실은 비밀로 다시 묻어두는 것이 나을 듯했다'. 마지막 문장은 되도록 공력을 기울여라. 독자는 그 마지막 문장을 읽으려고 처음부터 읽었다.

5. 결론:

감정을 설명하지 않는다. 증명해라. 뭘로? 장면(팩트)으로.

예시문 분석 1

삶은 왜 홀수인가

> **포인트: 심리의 서사화.** '외로움'이라는 감정을 직접적으로 표현하는 대신, 혼자라는 경험을 통해 고독의 의미를 스스로 깨닫는 과정을 보여줘야 한다. 이 글은 '혼자 있음'을 두려워하지 않게 되는 내면의 전환을 섬세하게 서사화한다.
> **핵심 무기: 구체적 장면.** '역전 시장에서 혼술'이라는 구체적 장면, '순댓국을 안주 삼아 소주 반 병' 같은 팩트 중심 디테일이 독자를 설득한다.
> **전략: 설계.** 무리에 들지 못했던 과거 → 무리에 매달리는 현재 사람들 → 홀로 있음이 자유임을 발견한 자신. 3단 구도를 통해 감정을 드러낸다. 감동은 팩트와 대비 구조에서 자연스럽게 따라온다.

이 글은 '혼자인 나를 수용하는 과정'에 집중해 있다. 처음엔 무리에 끼지 못한 어린 시절. 이어서 '혼자 있음'이 이상한 시대. 마지막엔 '혼자 있음'이 자유라는 깨달음으로 넘어간다. 필자는 혼자라는 사실이 자유와 동일하다고 주장한다. 그런데 처음부터 끝까지 일관되게 고독과 자유를 외치면 재미가 있을 리 없다.

그래서 무리 짓는 사람들에 대한 스케치가 삽입된다. 만남을 약속하고 휴대폰에 매달리고 혼밥 하느니 굶는 사람 이야기가 나오고 하객 대행서비스를 이야기한다. 그런 '짝수인 삶'을 보여줘야 독자로 하여금 반전을 만나게 할 수 있다. '역전 순댓국집에서 소주 반 병에 얼근히 취한 기억을 간직한 홀로 있는 자의 기쁨'을 독자에게 들려주려면 반전으로 이끌어주는 반(反)주제적 장치들이 필요하다.

감정을 독자에게 흘려보내는 팩트들은 이렇게 구성돼 있다.

혼자 밥 먹던 학창 시절 〉 심리학자의 한 문장 〉 인맥 관리로 외로움을 탈출하는 무리들 〉 순댓국집 소주 반 병 〉 삶은 홀수

이 구조를 독자들이 따라가면서 필자 감정을 발견하게 만든다. 다음 수필 '비밀'도 마찬가지다.

예시문 분석 2
무엇이 비밀인가

> **포인트:** **사소한 디테일.** 사진 속 날짜 하나로 시작된 작은 이상함이 '사랑'으로 귀결된다.
> **핵심 무기:** '약혼 기념 사진', '1968년 9월 9일', '육삭둥이' 같은 팩트.
> **전략: 설계.** 이상한 날짜 → 가족의 반응 → 사진첩 → 붉어지는 아빠 얼굴 → 감정 전달. 팩트가 모여 감정으로 전환되는 설계.

수필이 아니라 짧은 소설처럼 읽히지만, 본질은 작가 자신의 감정 고백이다. 1969년생 여자 필자가 동갑인 은경을 대리시킨 자기 고백이다. 그런데 그 고백은 숨겨져 있다. '팩트를 따라가면서' 저절로 노출된다. 결혼을 앞둔 여자가 부모에 대해 가진 복잡한 감정이 노골적으로 표현되지 않는다. 어린 시절과 가족에 대한 회상이 사

진 한 장, 특정한 날짜, 엄마와 아빠가 보여준 반응을 통해 은근하게 드러난다. 연애편지 쓰고 안절부절못하던 청년, 미니스커트를 입은 숏다리 소녀가 결혼을 앞둔 주인공과 중첩되는 장면이 그려지지 않는가. 미숙한 필자라면 '결혼은 앞둔 싱숭생숭한 주인공'과 '딸을 시집보내는 부모 마음'을 진지하게 그려넣는다. 하지만 이 수필가 김별아는 그렇게 하지 않았다.

'사진 속 날짜가 1968년 9월 9일이었다', '엄마 아빠도 약혼만 하고 날 가지셨다는 거네'에서 '그건 다시 비밀로 묻어두는 게 나을 듯했다'까지. 그 옛날 젊은 연인과 현재 젊은 여자를 사진 속 날짜에서 엮어내 결혼 직전 복잡한 감정을 유머러스하게 노출시켰다.

이 글에서 얻어낼 수 있는 수필적 무기는 '잔잔한' 구조 설계다. 감정은 전혀 보이지 않는 일상적 서술(시작), 이상한 날짜를 발견하는 순간(중간)을 거쳐 가족들 반응에서 이끌어낸 애정(끝)까지. 팩트에 얹혀 감정이 은근하게 흘러가고 증폭된다. 겉으로는 유쾌한 유머지만 속에는 가족에 대한 따뜻한 고백이 숨어 있다. 충격적이고 음침한 수필도 당연히 존재한다. 그 선, 그 경계를 넘으면 수필이 아니라 다큐고 수필이 아니라 소설이고 수필이 아니라 보고서가 된다. 경계선 이름은 '은근함'이다.

정리: 수필이 은근하려면

핵심 메시지	일상 속 소소한 반전 사실로 감정을 끌어내는 글
주된 무기	복선과 반전 / 섬세한 묘사 / 팩트의 선택적 활용
실전 전략	① 초반에 복선 배치 ② 일상 속에서 드러나는 감정의 깊이 ③ 결말에서 반전과 울림
금기사항	① 미문 집착 ② 감정 휘몰아치기 ③ '슬펐다'고 쓰기
이 장르의 착각	'표현이 중요하다'는 착각 진짜 감동은 팩트에서
마지막 장면	끝에서 새로운 시선 제공하기 마지막 한 문장으로 뒤집는다

실습: 당신이 궁금하다

수필은 '마음을 적는 글'이 아니다. 마음이 숨어 있는 장면을 보여주는 글이다. 장면은 팩트고 경험이다. 작은 팩트 하나에서 글을 시작해 보자. 사건은 크지 않아도 된다. 삶의 기억 속, 사소한 장면이면 충분하다. 아래 두 가지 가상의 상황을 소재로 수필을 써보자. 제시된 마지막 문장으로 끝낼 수 있도록 상황을 설계해 보자.

예시 주제 1: '이상한 사진 한 장'

제목: 사진 속 낯선 사람

핵심 팩트: 오래된 가족사진 속, 기억나지 않는 얼굴

전개 방향:

- 앨범을 정리하다가 발견한 가족사진 한 장
- 맨 오른쪽에 낯선 여자
- 엄마는 "이모 친구였나…" 하고 얼버무린다
- 끝내 알지 못한 그 정체
- 상상 속에 출현하는 여러 사람들
- 어쩌면 나는 그 사람을 기억하지 못해도, 그 사람은 나를 안고 웃었을 수도 있다
- 누군가의 기억 속에 남아 있다는 가능성이 따뜻하다

끝 문장:

'끝내 누군지 알 수 없었다. 하지만 그 얼굴은 나를 오래 안아줬을지도 모른다.'

예시 주제 2: '혼자였던 하루'

제목: 혼밥의 기술

핵심 팩트: 혼자 고깃집에 들어간 날

전개 방향:

- 생일날 혼자 들른 고깃집
- 혼자 먹은 삼겹살 2인분
- 옆 테이블 관찰
- 귓갓길에 마주친 봄꽃들의 아우성, 전에는 듣지 못했던 소리들

끝 문장:

'혼자여서 더 많이 들은 날이었다.'

요점 정리

1. 수필은 감정이 아니라 팩트의 배열이다.
2. 표현은 지울수록 좋아지고, 사실은 살릴수록 강해진다.
3. 감정을 설명하지 말고 팩트를 통해 보여줘라.
4. 감동 포인트는 감탄사가 아니라 팩트다.
5. 글 구조는 사소한 팩트에서 출발해 반전을 통한 감정 증폭으로 만든다.
6. 예쁜 문장과 멋진 문장에 집착하면 수필은 망가진다.
7. 감정을 설명하지 말고 팩트와 장면으로 증명하라.
8. 독자들이 구조를 따라가며 감정을 발견하게 하라.

6장

마치 영화처럼,
기행문

　기행문은 '여행'을 보여주는 감상문이 아니다. 현장에서 필자가 느낀 메시지를 현장 묘사를 통해 전달하는 글이다. 필자 철학과 세계관이 담겨 있어야 기행문이다. 기술적으로는 영화 촬영이라고 생각하면 된다.

> **핵심 정리**
>
> **포인트**: 기행문은 장면이다. 장면을 찍는 글이다.
>
> **핵심 무기**: 시각적 묘사, 영상적 글쓰기.
>
> **전략**: 장면을 중심으로 구성한다. 주제를 명확히 한다. 묘사 대상을 구체화한다.(장소/인물/사물 등)

예시문 1

작아서 더 큰, 청량산

　경북하고도 봉화 땅에 작고 골 깊은 청량산이 있다. 산에는 산만큼 작은 절 청량사가 있다. 나이 아홉에 삼촌 손에 이끌려 출가한 스님이 절을 지키고 있다. 절 안에는 그 옛날 퇴계 이황이 즐겨 머물며 공부했던 정자 오산당(吾山堂)이 있다. 오산당에는 산이 좋아 산에 사는 사내가 있다. 그들을 찾은 날, 하필이면 칠월칠석(七月七夕)이었다. 어김없이 비가 내렸다.

　그 옛날 봉화에 사는 한 농부가 자기 논 숫자를 세봤다고 한다. 분명 100뙈기였던 논이 아흔아홉 뙈기밖에 없었다. 몇 번을 세다가 단념하곤 옆에 둔 삿갓을 집어 드니 모자라는 한 뙈기가 거기에 있더라는 이야기. 그만큼 평평한 땅이 드물고 가파른 곳이라는 말이다. 봉화는 그렇게 오지였다.
　청량산 도립공원 주차장에서 한참을 걸어 오르면(차로도 오를 수 있다)

왼편으로 청량사 가는 비탈길이 나온다. 그 앞길로도 황톳길이 이어지고 휴게소가 나오지만 우선은 이 길로 오르자. '차량 절대 오르지 못함'이라 적혀 있다. 절까지 대략 30분. 중간중간에 숨을 돌리지 않으면 못 오를 길이다. 도대체 원효대사는 어떤 맘을 먹고 이리도 험한 곳에 절을 지었을꼬. 그런데 길모퉁이를 돌아 절이 뵈는 곳쯤에 이르면 절이 이곳에 있어야 하는 이유를 온몸으로 알 수 있다.

서로 몸을 붙이고서 빽빽하게 선 거대한 열두 암봉(岩峰) 한가운데에 절이 있다. 연꽃을 상상하면 그 풍광이 어렵지 않게 떠오른다. 암봉들에는 소나무와 각종 활엽수가 울창하다. 연꽃 꽃술쯤 되는 한가운데에 농부 삿갓 아래 숨었을 정도로 작은 터가 있고 절은 거기 있다. 퇴계가 "청량산 육육봉을 아는 이 나와 흰 기러기뿐"이라 했을 정도로 꼭꼭 숨었다. 그 풍광은 "기똥차다"는 입말부터 아무 소리 못 하고 서서 넋을 잃는 모습까지 다양한 반응을 만든다.

본시 매우 큰 절이었다. 예불을 알리는 종이 울리면 봉우리마다 자리 잡은 암자에서는 스님들의 낭랑한 독경 소리가 이 거대한 분지를 가득 메웠다고 했다. 하지만 조선시대 주자학자들은 절에서 음풍농월하다가 절을 피폐하게 만들었다. 풍기군수 주세붕은 절터에 소수서원을 짓고 청량사에 놀러 와서는 승려들을 꾸짖고 봉우리마다 유교식 이름으로 개명을 해버리기까지 했다. 16나한을 모신 응진전 앞 반석은 경유대(景遊臺)라 개칭했으니 경유는 그 자신의 호였다. 같은 시대를 살았던 퇴계 이황은 아예 절 안에 집을 짓고 '오산당(吾山堂)', 즉 '내 산에 있는 집'이라 현판을 내걸었으니 당시 스님네를 "백정보다 더 천한" 계급이라며 멸시하던 권세가와 불교의 관계를 극명하게 보여주는 게 바로 이 현판이다.

그러그러한 연유로 암자들은 이제 무시로 발에 밟히는 기와 파편으로 변했고 절은 유리보전과 응진전만 남은 채 엉망이 됐다. 10여 년 전 지금 주지 지현스님(45)이 왔을 때, "부처님이 비를 맞고 있더라"고 했다.

유가에서도 불가에서도 찬양해 마지않은 청량산과 그 가람을 방치할 수는 없는 법. 폐사 직전이던 절은 조금씩 제 모습을 되찾았다. 하루 두 차례씩 3시간을 걸어 강나루로 가서 지게로 자재를 날랐다. 아낙들이 고추를 보시하면 30리를 걸어가 장에서 쌀로 바꿔 끼니를 때우며 일을 했다. 비만 오면 떠내려가는 비탈에는 잔디를 깔았고, 침목으로 계단을 만들었다. 어엿한 범종각도 만들었다. 비 맞던 불상 안에서는 '훗날 인연 있는 승려가 제자리에 모시라'는 글귀와 함께 석가모니 진신사리 5과가 나왔다. 이세택이라는 사람이 쓴 '청량지'에 따라 사리는 '모든 봉우리 기가 모이는' 본전 앞 사자목에 탑을 세워 모셨다. 오층탑은 밤이면 불을 밝혀 야간산행을 나섰다 내려오는 사람들에게 길을 알려준다.

사람들은 어찌나 탐욕스러운지! 진신사리가 있다는 말에 처음에 세운 3층탑은 조금씩 허물어져 갔다. 하여 그 탑은 요사채 아래 잔디밭으로 옮겼고, 5층탑은 다시 세운 것이다. 3층탑 위 꽃밭에는 사과나무가 한 그루 있다. 사과가 앙증맞게 열렸다. 지현스님은 "가을에 부처님께 공양하고 먹으려고 한다"고 했다. 그런데 자꾸 다람쥐들이 먼저 따먹더

라나. 그래서 '부처님 공양하고…' 운운하는 팻말을 달았더니 팻말 주변 과실은 아직 무사하다 한다. 다람쥐가 글귀를 읽다니. 스님이 빙긋 웃는다. 범인은 따로 있었구나!

본전 앞에는 잘생긴 소나무가 한 그루 있다. 이름하여 '삼각우총(三角牛塚)'이다. 옛날 절을 처음 세울 적에 아랫마을에서 뿔 셋 난 큰 소를 보시했다고 한다. 소는 꽉꽉한 비탈을 잘도 골랐고, 불사가 끝나자 그 자리에서 죽어 묻혔다고 했다. 그만치 힘든 불사였음을 짐작할 수 있다. 지현스님의 불사도 그만저만 힘든 일이 아니었음을 짐작하고도 남는다. 더 이상의 중창은 없다고 했다. "이 골짜기에 딱 맞는 규모"라고 스님은 말한다.

그 말은 실로 옳다. 10분 거리에 떨어져 있는 응진전으로 넘어가는 오솔길에 전망대 격인 '어풍대(御風臺)'가 있다. 어풍대에 서면, 당신은 신선이 된다. 절 앞에서 내뱉었던 탄성은 더욱 커지고, 혹자는 흥분하기까지 한다. 선경(仙境)이라는 말은 이런 경우에 쓰는 단어다. 없는 날보다 있는 날이 더 많은 구름, 그 운무가 골짜기 위로 깔리면 이 작디작은 절은 모든 봉우리의 주인처럼 위풍당당하게 그 풍광의 한가운데에 떠오르는 것이다.

사람들은 청량사 약수로 목을 축이고 응진전 가는 오솔길을 오른다. 길목에 오산당이 있다. 오산당 옆에는 산이 좋아 산에 사는 산꾼 이대실이 산다. 도예면 도예, 대금이면 대금, 시조면 시조, 그림이면 그림…. 뭐 하나 못 하는 게 없는 사내다. 오가는 사람에게 차를 그냥 내주고 산다. 응진전 앞 풍광도 기가 막히다.

길은 김생굴로도 이어진다. 신라 명필 김생이 입산수도했던 굴이다. 굴에는 현대판 명필가들이 글씨 연습을 하느라 잔뜩 낙서를 해놨다. 길은 정상 의상봉으로 이어진다. 응진전 가는 길목에는 최치원이 마시고 머리가 맑아졌다는 약수 총명수(聰明水)가 있다. 지저분하기 짝이 없는 이 물을 올 초 모 방송국에서 와서 개구리알을 도롱뇽알이라 집어넣고 떠 마시면서 "좋다"고 연출했다니 우습다.

절에는 찻집이 하나 있다. 이름은 '바람이 소리를 만나면'. 청량사는 청량산 산행의 기점이요 끝점이다. 불교도가 아니라도 이렇게 절을 찾는 사람들에게 쉼터가 되어야 진정한 절집인 법. 아침 9시에 문을 열어 '아베크족들이 은밀하게 잠입하기 시작하는' 오후 5시에 문을 닫는다. 찻집에는 이런 시가 적혀 있다. 아홉 살에 산문으로 들어온 지현스님 시다.

바람이 소리를 만나면 그의 손을 만나면
나도
바람이 된다
가을잎 떨어지는
어느 저녁 무렵
내가
그의 소리를 만나면
그는
웃음이 될까 아니면

우수수

사랑이 될까

청량산 절집에서 차 한잔은 어떨까. 바람이 그리울 때, 소리가 그리울 때.

예시문 2

화전민 아내 김영순의 모진 삶

파로호 호숫가 삶은 모질었다. 화전민 부부 장윤일과 김영순도 모질게 살았다. 칠십이 년째 장윤일은 생각 중이다. 왜 나는 고단하게 살고 있을까. 뱀도 잡아봤고 송이를 캐고 낚시꾼들 수발들며 네 아들딸 훌륭하게 키워냈지만, 부부는 다람쥐꼬리만 한 비수구미 계곡을 벗어나지 못했다. 장윤일은 파로호변 숨은 곳, 강원도 화천군 화천읍 동촌 비수구미에 산다.

461번 지방도와 파로호

화천읍 대이리 파로호변에는 바위가 다섯 개 있다. 옛날부터 있었다. 구만교에서 읍내로 가는 길목에 있다. 크기도 다르고 모양도 다르다. 어찌 된 것이 볼품없는 그렇고 그런 바위들에 사람들은 미륵이라 이름하고 제사를 지냈다. 지금도 지낸다. 미륵은 미래불이다. 사람들은 미래를 관장하는 이 영험한 바위에 기도를 하며 징글맞은 현실을 잊는다. 미륵

바위가 서 있는 이 도로 이름은 461번 지방도다. 상서면 다목리에서 간동면 간척사거리까지 북서에서 남동으로 54.3km를 잇는 도로다.

파로호는 한자로 破虜湖라고 쓴다. 깨뜨릴 파(破)에 오랑캐 로(虜), 호수 호(湖)이니, 파로호는 '오랑캐를 깨부순 호수'라는 뜻이다. 6.25 전쟁 때 국군과 유엔군이 중공군을 이곳 파로호에서 궤멸시켰다. 1951년 5월 경기도 양평 용문산 전투에서 화천까지 패퇴한 중공군은 철원으로 퇴각 중이었다. 중국 측 자료에 따르면 중공군은 '사상자 10만 명, 포로 1만 명을 기록한 미증유의 참패'를 당했다.

그 퇴각로가 461번 도로였다. 퇴각로가 막힌 중공군 병사들은 호수를 헤엄쳐 건너다 익사했다. 국군 1개 소대가 중공군 1개 대대를 생포했다는 기록도 있다. 461번 도로는 물론 주변 능선과 계곡에는 중공군 시체가 산처럼 쌓였다. 작전차량들은 중장비로 시체들을 길섶으로 치우며 전진했다.

1955년 11월 18일 대통령 이승만은 이곳 육군 6사단을 방문해 호수를 파로호로 명명했다. 대한뉴스는 "대통령 각하께서 파로호라고 명명하신 화천 저수지의 명명 기념비 제막식이 11월 18일 현지에서 거행되었다"고 보도했다. '파로호비'는 지금 안보전시관 위쪽 숲속에서 파로호를 내려다본다.

장윤일과 김영순

원주 사람 장윤일은 나이 스물에 화천 비수구미로 흘러들었다. 배운 건 없어도 지혜롭고 영민했고 몸은 쓸 만했으니, 화전(火田)으로 먹고 살리라 호수로 숨어들었다. 일찌감치 춘천에서 들어온 윗집 처녀 김영순을 만나 혼인을 했다. 김영순은 열일곱이었고 장윤일은 스물셋이었다. 1965년 4월 7일이었다.

일곱 남매 장녀 김영순이 말했다. "마을 사람들이 하도 착하다고 해서 결혼했다. 울 엄마도 그랬다. 그러니 내가 배길 수가 있겠어? 밥 하나 안 시킨다더니 밥 안 시키긴. 다 시켰어, 다. 이 사람이 거짓말을 그렇게 잘해." 남자가 말했다. "…그러지 않으면 여자들이 안 오거든. 누구나 다 그런 거야." 김영순이 말을 잇는다. "울 엄마가, 시집 일찍 가면 여자 일 안 시킨대. 그래서 시집갔어. 뭐? 밭 양쪽에 내 사진 걸어놓고 김 한 번 맬 때마다 내 사진 보면서 살겠다고? 얼마나 근사해? 그 말에 속아서 내 나이 열일곱에 이 남자랑 결혼했다. 어이구, 사진 한 장 찍지도 못하고 살았네."

그 삶은 이러했다.

혼례 열흘 만에 남편 장윤일이 입대했다. 제대를 한 달 남기고 맏아들 복동이 태어났다. 돌아온 남편은 단양 탄광촌 잡부로 떠났다. 사람 눈동자만 하얗고 온통 새까만 세상에 질려, 아들을 들쳐업고 따라간 아내는 40일 만에 남편을 끌어내 비수구미로 돌아왔다.

낚시꾼들 수발들며 돈을 벌었다. 남편은 나물 뜯으러 가고 아내는 밥을 했다. 조각배 저어가며 낚시꾼들 심부름을 했다. 비가 오면 물 퍼내며 노를 저었다. 살림집에는 손님 재우고 부부는 비닐하우스에 살았다. 눈을 뜨면 밤새 내뿜은 숨결이 이불이며 옷가지를 적셔 놓았다. 장작불에 옷가지를 말리며 밥을 짓고는 조각배로, 산으로 달려갔다.

산으로 간 남편은 비탈을 굴러 피투성이로 돌아오곤 했다. 뱀에 물려 죽을 뻔도 했다. 그럴 때면 아내 김영순은 이리 말했다. "애들 안 가르치고 그냥 당신하고 나하고 그냥 우리 식구가 다 사는 게 행복하지 않을까."

하지만 다음 날이면 애들 가르치는 게 합당하다고 자동으로 마음이 변하곤 했다. 하여 뱀에 물리고 비탈을 굴러 내려오는 삶이 반복됐다. 김영순이 말했다. "젊을 때 고생은 사서 한다고? 젊을 때 고생하면 늙어 죽을 때까지 고생이다. 살아온 생각하면 혼자 자면서도 웃는다. 내가 맹추라, 그게 사는 건 줄 알고 살았다."

평화의 댐과 비수구미

겨울 넉 달 호수가 얼면 건넛마을까지 걸어서 마실을 다녔다. 밤새워 화투 치며 놀았다. 날이 새면 함께 다음 집으로 가서 또 놀았다. 보름밤이면 계곡 위로 올라가 후라시 비추며 메기를 잡았다. 딱 먹을 만큼만 잡았다. 1987년 그 이름도 유명한 평화의 댐 공사가 시작됐다. 계곡 꼭대기 해산령에 터널공사가 시작됐다. 계곡 아랫마을까지 작업도로가 생겼다.

대단히 많이, 삶이 바뀌었다. 장윤일이 말했다.

"트럭기사들이 차 밧데리로 메기를 잡은 거라. 그 많은 트럭들이. 한 시간에 비료 포대로 2개를 잡았느니, 3개를 잡았느니 소문이 나서 터널공사 2년 내내 밧데리로 계곡을 지져놓은 거라. 나중에는 개울에 약을 풀어서 집 앞에까지 고기들이 떠올랐어. 단속해달라고 신고하니까, 단속은 무슨, 정신없이 고기만 줍더라고."

충직하던 누렁이도 두 번 차로 쳐서 들쳐업고 가버렸다. 보름밤 메기잡이 소풍은 끝났다. '귀한 생명들이니 먹을 만큼만 잡으라'고 네 남매에게 들려주던 교훈은 무색해졌다. '에티켓이라곤 전혀 없는 도시 사람들' 손에 고추밭은 무자비하게 짓밟히고 익지도 않은 배나무는 가지째 꺾여나갔다.

이리로 가기도 하고 저리로도 흘러가는 것이 인생이다. 평생 못 볼 줄 알았던 길이 마을 어귀까지 뚫렸다. 무례한 도시 사람들이 비수구미에 돈을 뿌리고 갔다. 부부가 던져대는 날것 그대로 인생 이야기에 그 사람들이 울고, 또 찾아온다. 김영순이 말했다. "내 살아온 역사가 너무 힘들었는데, 남에게는 재밌나 봐."

그 돈으로 부부는 네 남매 어엿하게 키워 시집 장가 보냈다. 전기밥솥에 밥 안쳐놓고 밭에서 일하다가 집에 가서 먹고 싶다던, 문명화의 꿈도 실현됐다. 김영순 표 산나물밥 식객들이 팔도에서 몰려든다. 밥값 깜박하고 갔다가 전화해서 사과하고선 입금해주는 손님들을 보면 "그래도 우리나라는 살 만한 세상"이라고 생각한다. 김영순이 말했다. "댐 공사 전에는 70리 뱃길뿐이었는데, 꿈같은 얘기였는데… 여기 길 날 줄 누가 알았냐고. 이럴 줄 알았으면 내가 면허증을 딸걸. 어디 가고 싶어도 누가 데리고 가야 갈 수 있으니 이거 원, 더러워서." 목소리에 물기가 비쳤다.

평화의 댐, 미륵바위와 꺼먹다리

화천읍에서 461번 도로를 거쳐 평화의 댐으로 북상해 본다. 화천댐을 건설할 때 만든 다리가 나온다. 목재 상판과 난간을 콜타르로 칠해 꺼먹다리다. 발전소에서 그 옆에 콘크리트로 또 다른 다리 기초를 만들다가 해방이 되었다. 화천이 38선 북쪽이던 때, 소련이 그 위에 교각을 만들었다. 전쟁이 끝나고 대한민국이 상판을 올려 다리를 완성했다. 세 나라가 합작한 다리 이름은 구만교다. 꺼먹다리는 효용을 멈췄다.

더 북상하면 비수구미를 격변시킨 해산터널이 나온다. '아흔아홉구비'라는 표현이 절대로 과장이 아닌 험한 길(내비게이션을 보면 한숨이 나온다) 끝에 평화의 댐이 나온다. 옆에 공원이 있다. 전 세계 분쟁지역에서 수집하고 기부받은 탄피 1만 관(37.5톤)을 녹여 종을 만들어 놓았다. 평화의 종이다. 9,999관으로 종을 완성했다. 1관은 따로 비둘기 오른쪽 날개를 만들어 놓았다. 통일이 되는 날, 종 위에 날개 없이 앉아 있는 비둘기 한 마리에 날개를 붙일 계획이다.

공원 아래쪽에는 비목공원이 있다. 가곡 '비목(碑木)'을 기념하는 공원이다. 1960년대 ROTC 장교 한명희는 화천 비무장지대에서 녹슨 철모와 돌무덤을 발견했다. 동양방송 PD로 있던 1967년 그가 쓴 시에 작곡가 장일남이 곡을 붙인 가곡이 비목이다. 노래가 실린 음반 판매량은 이미자의 음반 '동백아가씨'(15만 장)를 크게 앞질렀다. 공원에는 비목을 상징하는 조형물과 철조망이 설치돼 있다. 마음이 먹먹하다.

나 죽거든

2009년 4월 25일 김영순이 환갑을 맞았다. 시동생 장윤옥이 비수구미 계곡 7km를 걸어 내려와 형수에게 감사패를 증정했다. '아궁이 앞

에서 뜬눈으로 밤새우기 일쑤였던 나날들… 긴 세월 모진 세월 뒤로 하고… 진심으로 감사드리며…'

    모두 울었다. 거짓말쟁이 남편도 울었다. 김영순은 "가보(家寶)"라고 했다. 2013년 5월 10일, 결혼한 지 55년 한 달 3일 만에 김영순은 평생 소원이던 웨딩사진을 찍었다. "그런 쓸데없는 짓을 왜"라고 묻는 사람들에게 이리 답한다. "너는 왜 했냐. 나도 여자다."

    461번 도로변은 말끔하게 단장됐다. 주민들은 미륵바위에 기대 여전히 미래를 꿈꾼다. 전쟁도 멎었다. 비수구미를 쑥대밭으로 만들었던 작업도로는 산책로가 되었다. 화천사람들은 그 길을 선로(仙路)라고 부른다. 신선이 걷는 길이라는 뜻이다.

    그 길에서 화전민 아들 장복동에게 물었다.

    "당신은 비수구미에 살 것인가."

    "죽을 때까지."

    또 물었다. 나 칠십 되는 날, 그때 비수구미에 와도 반기겠냐고. 부부가 떠나고 없을지도 모를 그 작은 계곡에서, 나는 칠십 노인 장복동과 박종인이 재회하는 꿈을 꾸었다. 모진 삶 다 끝나고 훨훨 나는 꿈을 꾸었다.

모두가 연결된, 아우랑가바드

　오늘, 우리가 의미 없이 보낸 하루는, 어제 죽었던 사람이 그렇게 보고 싶어 하던 내일입니다. 우리는 그런 오늘을 살고 있습니다. 인도는 저에게 극단의 모습을 보여주었습니다. 최고와 최저, 무한과 유한, 사실 그렇게 느끼는 것도 하나의 사치가 아닌가 하는 생각이 듭니다. 그저 보면 느끼고, 느끼면 보인다고 했습니다. 인도를 많이 보고 많이 느끼시길 빕니다. - 카주라호 아씨식당 방명록에서

* * *

　인도에서는 만물이 완전연소한다. 금방 나의 발에 입을 맞추며 자비로운 미소를 던지던 성자, 그에게 화답하는 나의 미소에 성자는 간 곳 없이 사라져 버리고 흰 이빨을 드러내는 거지가 손을 내민다. 며칠 후 이른 아침에 갠지스에서 그를 다시 만나면 그는 너무나도 맑고 경건한 모습으로 동쪽에 떠오르는 태양을 향해 두 손을 모으고 있다. 강물 위로는 타다 남은 시체가 재와 함께 흘러가고, 사람들은 재 섞인 물을 떠

차를 달인다. 차를 연신 나르고 있는 저 어린아이도 언젠가는 성자와 거지가 되어 활활 불처럼 살다 강으로 돌아갈 터이다. 우주 만물이 모두 그러하듯, 저마다 황홀한 오라를 발하며 이 대지에 탄생했던 생명들도 때가 되면 그저 맑은 재가 되어 갠지스 강물에 흘러가는 것이다. 그럴 때면 사람 태운 재와 똥오줌이 뒤엉켜 화학적으로는 더럽기 짝이 없는 그 강물도 고도로 정화된 신들의 발자취로 변신한다.

그리하여 인도를 찾는 이방인들은 그 완전연소의 미학에 넋을 잃게 된다. 기대했던 경건함과 신비함 대신 악다구니가 설쳐대는 모습에 경악하게 된다. 곧이어 그 진흙탕 속에서 연꽃처럼 피어나는 맑음에 감동을 느끼게 된다. 종교적 경험이다. 내가 엘로라에서 받은 충격도 비슷한 종류와 비슷한 강도의 희열이었다.

* * *

아우랑가바드는 델리에서 남서쪽으로 1,400km 떨어진 도시다. 데칸고원 북서쪽에 있는 이 작은 도시는 14세기 무하마드 투클라크라는 미치광이 황제가 델리에서 천도를 결정하면서 역사 속에 악명을 날렸다. 이곳에 놀러 왔다가 반해버린 무하마드는 1,400km 북쪽에서 백성들을 집단이주시켰다. 아직도 많은 백성들이 델리에서 내려오고 있던 17년 뒤, 무하마드는 다시 손끝 까딱거리며 델리 복귀를 명했다. 백성들의 고초는 짐작조차 할 수 없다.

17년 동안 미치광이 짓에 놀아났던 곳 이름은 다올라타바드다. 행운의 도시라는 뜻이다. 아우랑가바드 시내에서 북서쪽으로 13km 떨어져 있다. 악어 떼를 풀어놓았던 웅덩이, 못을 박아 넣은 문. 미치광이 행패들이 아직 남아 '행운의 도시'라는 지명을 우습게 만들고 있지만 원래 이름은 데바기리, '신들의 언덕'이었다.

바로 그 신들의 언덕 서쪽에 장엄한 종교예술의 진수, 엘로라가 있다. 해질녘 엘로라는 그 신들의 언덕을 향해 빛을 던지고 침묵에 빠져든다.

엘로라로 가는 길목이었다. 키 작은 해바라기들이 길 양편에서 끝없이 출렁거렸다. 샛노란 꽃잎들은 질 나쁜 인도의 디젤유 매연 속에서도 높은 채도로 반짝거렸다. 그 광채를 뒤로하며 엘로라에 갔다. 인도에는 유네스코가 지정한 세계유산 24개가 있다. 1983년 처음으로 지정된 엘로라와 아잔타 석굴사원이 아우랑가바드에 있다. 엘로라와 아잔타, 두 계곡에 숨은 석굴. 1,000년 시차를 두고 조성된 석굴들은 그 연유는 물론 누가 만들었는지도 알려지지 않았다. 종교적인 정열이 극에 달하면 어떤 결과가 나오는지 극명하게 알 수 있는 유적이요, 인도의 매연과 복잡함에 질린 배낭족들이 순식간에 인도를 사랑하게 만드는 곳이다.

2km에 걸쳐 있는 엘로라 34개 동굴군은 집요한 잡상인들만큼이나 사람을 질리게 만든다. 7세기부터 9세기까지 근 300년에 걸쳐 수많은 왕조와 수많은 장인들이 동굴을 신성으로 장식했다. 불교, 힌두교, 자이나교 등 인도에서 태동한 모든 종교, 모든 신들의 거처가 마련돼 있다. 반달처럼 퍼져 있는 동굴을 거닐면 붓다를 만나고, 관음보살을 만나고 시바를 만나고 성스러운 소를 만나고 자이나교를 만든 마하비라를 만난다.

1번~6번 동굴은 불교 동굴이다. 불교에 나오는 여러 비천(飛天)들이 벽면에 조각돼 있다. 천정에는 세월의 파도에 씻겨 내려간 프레스코 흔적이 붙어 있다. 그 2번 동굴에서 나들이 나온 가족을 만났다. 유머 넘치는 가장이 말을 걸었다. 익숙지 않은 영어로 그가 반복해서 말했다. "바위 하나(one rock), 바위 하나(one rock)…." 그는 두 팔을 벌려 석굴 안을 가리켰다. 이 거대한 사원이 바위 단 하나를 쪼아 만들어졌다고 말하고 있는 것이다. 한 덩어리라고? 그들은 다 함께 고개를 끄덕이더니 "모두!"라고 덧붙였다. 맙소사, 이 거대한 성전 엘로라는 단 한 덩이 암반에서 탄생한 성전이었다.

정신을 차리고 동굴 밖으로 나가니 햇살이 사라지고 없다. 워낙에 높은 암반을 사방에서 깎아 이미 고층빌딩에 에워싸인 문명세계 도심처럼 해가 넘어가버렸다. 1,000년 전 망치와 석정 달랑 들고 이곳에 도착했을 장인들 눈앞엔 오직 들풀 무성한 언덕뿐이었겠지. 지독한 신심, 혹은 지독한 권력에 굴복한 민초들만이 가능한 일이었다.

"모두가 하나"를 극명하게 느낄 수 있는 곳은 16번 카일라쉬사원이다. 힌두교사원이다. 카일라쉬는 히말라야에 있는 산이다. 힌두교는 물론 불교도 이 산을 수미산으로 부르며 신성하게 여기는 성산이다. 정면 입구를 무시하고 언덕을 올라 내려다본다.

과연 만물은 모두 연결돼 있었다! 높이 33m, 폭 47m, 길이 81m짜리 사원이 단 하나의 바위로 이뤄져 있는 것이다. 8세기 라쉬트라쿠타 왕조 때 150년에 걸쳐 장인 7,000명이 만들었다. 게다가 거대한 암반을 위에서 깎아 내려오며 만들었다니! 21세기 사이버 세계에서도 만나기 어려운 비현실적인 풍경이 눈앞에 펼쳐져 있었다.

카일라쉬 사원에는 카주라호 사원만큼이나 성희(性戱) 조각이 많았다. 사원지기에게 물어봤다. 왜 성스러운 사원에 저런 민망한 조각이 있는가. "모든 것을 '끝내고 난 뒤'에야 신을 만나야 한다. 현실을 포기하는 것, 그리고 바로 고행이나 수행으로 빠지는 것, 완전한 행위가 아니다." 완고하고 단호했다. 나는 세상 제신(諸神)들과 말없는 대화를 나누고 동굴을 빠져나갔다.

* * *

도시 반대쪽 아잔타에도 석굴이 있다. 아잔타, 세계 최대의 불교 석굴이다. 기원전 2세기부터 기원후 7세기까지 세워놓은 석굴이다. 엘로라보다 먼저다. 명확하지 않은 이유로 하여, 아잔타 장인들은 동굴 완성과 함께 100여 km를 걸어와 엘로라에 새 석굴을 세웠다. 아잔타 역시 1.5km에 걸쳐 단 하나의 암반을 깎아 만든 26개 동굴이다. 엘로라와 다른 점은 아잔타는 오직 불교사원으로 이뤄졌다는 사실 하나뿐. 나머지는 동일했다. 기둥 하나까지 바위 하나를 깎아 만들었다는 사실, 비현실적인 종교적 신심으로 만들었으리라는 사실도 똑같다.

사람들은 명상에 빠진다. 아무도 살지 않는 황량한 벌판, 왜 그들은 석굴을 세웠나. 또 불교사원을 세우고 곧바로 힌두교와 자이나교사원을 함께 엘로라에 세운 이유는 또 무얼까.

26번 마지막 사원에는 열반에 든 석가모니가 누워 있다. 아래에는 비통에 잠긴 사부대중이 눈물을 삼킨다. 사부대중 앞에서 한국에서 순례를 떠난 여승 하나 앉아 있다. 수첩을 꺼내 들고서, 석가모니를 끝없이 바라보며 생각에 잠겨 있다. 일어나 밖으로 나온 여승, 인도 여학생들에 둘러싸여 밝게 웃는다. 하나의 바위, 하나의 암반으로 이뤄진 그 신성(神聖)의 땅에서.

  나는 엘로라와 아잔타에서 만난 신들 이름을 되뇌어본다. 크리슈나, 시바, 싯다르타, 칼리…. 집어치우자. 이름이 무슨 필요가 있는가. 나마스떼, 그대 안의 신에게 경배하라. 내가 신이고, 그가 신이고, 돌에 박혀 있는 신들이 바로 우리네 얼굴들이었다. 침묵한다. 엘로라가 침묵한다. 아잔타가 침묵한다. 나마스떼, 그대 안의 신에게 경배.

기행문의 전술

세 글이 모두 개성이 다르다. 첫 글은 작은 절 기행, 두 번째는 비수구미라는 오지 기행, 마지막은 인도 석굴 기행이다. 기행문이라는 장르는 동일한데 다 다르다. 이 차이는 전략에서 나온다. '그 장소에서 내가 발견한 가장 강한 매력'이 무엇인지를 선택하면 주인공이 결정된다. 그리고 그 매력에 맞춰 어휘와 문장도 선택해야 한다. 절이 주는 고요한 아름다움은 단정하고 미소 짓는 문장으로 쓴다. 산골 부부가 살아낸 삶은 투박하고 생생한 입말로 쓴다. 종교 유적이 주는 신성은 운문처럼 천천히 깔리는 문장으로 쓴다. 글은 칼이 아니라 붓이다. 풍경과 인물에 맞는 붓질로, 맞는 질감으로 써야 한다.

1. 기행문은 영화다

"바람이 스친다. 마음이 울컥했다." 많은 이들이 기행문을 이런 식으로 쓴다. 그리고 감동한다. 필자 본인만. 기행문은 '여행 후의 느낌'을 쓰는 글이 아니다. 기행문은 장면이다. 장면을 문자로 촬영한 글이다. 기행문은 기행문 필자가 없이도 독자가 다녀온 듯 느끼게 만드는 영화다. 독자는 느-낀-다. 아니, 독자로 하여금 느-끼-게-해-야-한-다. 그 느낌을 위해 글쓴이는 보-여-준-다.

'청량산은 작은 산이다. 청량사는 더 작다'라고 써보자. 독자들 상상력은 거기에서 멈춘다. 규모가 짐작이 가지 않는다. 대신 이렇게 써야 한다. '연꽃 꽃술쯤 되는 한가운데에 농부 삿갓 아래 숨었을 정도로 작은 터가 있고 절은 거기 있다. 퇴계가 "청량산 육육봉을 아는 이 나와 흰 기러기뿐"이라 했을 정도로 꼭꼭 숨었다.'

 카메라를 든다고 생각하자. 기행문 쓰는 순간, 당신은 렌즈다. 눈으로 보이는 것, 귀로 들리는 것, 손끝에 닿는 것. 그 모든 것을 이미지로 옮겨야 한다. 어렵다. 문자로 이미지를 옮기는 작업, 쉽지 않다. 하지만 그러면 글이 영상이 된다.

 기행문은 '감동'을 쓰는 글이 아니라 '장면'을 찍는 글이다. 독자가 눈을 감고도 그 장면을 떠올릴 수 있도록 써야 한다. 글이 아니라 영상이 돼야 한다. 글은 그림이다. 그림은 팩트로 그린다. 기행문에서 가장 강력한 무기는 시각적 팩트다. 색깔, 질감, 구조, 동작, 배치 등을 구체적으로 보여줘야 한다.

- '산 좋다'라고 쓰지 마라. 그 산 색깔과 형상과 역사를 써라.
- '풍경이 장엄하다'고 말하지 마라. 어떤 높이에서 어떤 바위가 어떤 각도로 박혀 있었는지를 말하라.
- '가슴이 먹먹했다' 따위 표현은 잊어버린다. 왜 먹먹했는지, 먹먹하게 만든 광경이 무엇이었는지를 묘사하라.

2. 전략적 설계: 누가 안내자인가

 이야기에는 반드시 주인공이 필요하다. 기행문은 '내가 다녀왔다'는 보고가 아니라 누군가 또는 무언가를 통해 독자가 현장을 체험하게 만드는 장르다. 그 현장으로 유도하는 요소가 주인공이다. 대개 기행문은 주인공이 풍경과 장소라고 생각한다. 틀렸다. Travel story, 紀行文 혹은 기행문. 여행을 기록한 글을 뜻한다. 갈만한 곳을 독자로 하여금 가고 싶게 만드는 글이 기행문이다. 여행지 공간을 안내할 능력이 부족하다면? 그곳에 살거나 그곳에서 만난 사람을 안내자로 끌어낸다. 사람이든, 풍경이든, 역사든 뭐든 좋다. 여행지에 어울리게 주인공을 골라 전략을 짜라.

3. 취재: 사전 조사와 경험

아는 만큼 보이고 아는 만큼 사랑스럽다. 모르면 못 보고 사랑도 불가능하다. 사전 조사가 없는 기행문은 감상문이다. 눈앞에 펼쳐진 대자연을 봐도 나오는 단어와 표현은 그저 '장엄하다'와 '넋을 잃었다'와 '말로 표현할 방법이 없다'뿐이다. 표현할 방법을 모르니까 없다고 거짓말을 한다.

여행은 새로운 사실을 보는 행위가 아니다. 공부한 사실을 확인하는 행위가 여행이다. 기행문을 채우는 내용은 '확인된 사전 조사'와 '현장 경험'이어야 한다. 현장 경험 또한 사전에 취재된 정보가 없다면 부실해진다.

4장 인물편에서 취재가 얼마나 중요한지 읽은 기억이 나시는지. 공동체라는 맥락 속에 놓인 인물을 파악해야 그 인물이 360도로 보이는 법이다. 석유 파동이라는 세계적 사건을 모르면 발리를 꿈꾸던 공학도 김철빈이 중동에서 고생을 한 이유를 독자에게 설명할 수 없다. 여행도 마찬가지고 기행문도 마찬가지다. 취재하라. 미리.

4. 함정: 감상문

'사람들이 인도를 경이롭게 여긴다', '청량산은 아름답다', '파로호는 눈물 난다' 같은 문장은 아무것도 전달하지 않는다. 왜 아름답고 왜 눈물이 났는지, 그 이유를 장면으로 보여주지 않으면 감정선을 건드릴 수 없다.

- 엘로라는 거대한 바위 하나를 깎아 만든 석굴군이다: 엘로라 2번 동굴 안, 팔 벌린 남자가 말한다. '바위 하나(one rock). 모두 one rock.'
- 정말 좋았다, 아름다웠다, 울컥했다: 한 번쯤은 써도 무방하다. 반복되면 독자 상상력을 죽이는 말이다. 좋고 아름답고 울컥했던 이유를 묘사하라.
- 나는 느꼈다, 나는 생각했다: 당신은 찍고 보여준다. 느끼고 생각하는 행위는 독자에게 맡겨라.

5. 구성: 시작은 영화처럼, 끝은 명상처럼

시작 장면: '카메라 줌인'. 첫 문장에서 독자를 장소 안으로 집어넣어야 한다.

중심 대상: 주인공이 누구인지 분명히 해야 한다. 장소일 수도, 인물일 수도 있다.

구체적인 전개: 팩트, 팩트, 팩트. 명사와 동사를 사용하라. '1,000년 전 장인들은 바위를 깎아내 50미터 높이 사원 한 채를 만들었다'가 맞다. '아름답고 거대한 석굴에는 1,000년 전 장인들 흔적이 남아 있다'는 틀렸다.

마지막 장면: 줌인된 상태에서 묘사를 멈추거나, 장면에서 문장을 줌아웃하며 끝낸다. 문장을 긴 숨처럼 남게 하라. 세 예시문 마지막 문장들을 작은 소리로 읽어보라. 그리고 스크린에 영화 마지막 자막이 올라가는 장면을 상상해보자.

- '청량산 절집에서 차 한잔은 어떨까. 바람이 그리울 때, 소리가 그리울 때.'
- '그 작은 계곡에서, 나는 칠십 노인 장복동과 박종인이 재회하는 꿈을 꾸었다. 모진 삶 다 끝나고 훨훨 나는 꿈을 꾸었다.'

예시문 분석
주인공을 어떻게 정하고, 문체는 어떻게 조율할 것인가

1. 청량산 – 주인공: 절

왜 절인가: 청량산 기행문은 '절'이 주인공이다. 청량산은 그 자체로 아름답다. 하지만 진짜 매력은 봉우리들 한가운데 꼭꼭 숨은 작은 절, 청량사라는 공간에 있다. 스님이 다람쥐에게 사과를 뺏기고도 웃으며 "팻말 붙였더니 안 따가더라고요"라고 말하는 순간, 그

절집은 신성 속의 유머를 품는다.

문체 전략: 신성한 공간에 맞춰 묘사는 절제됐고 등장하는 사람과 사물은 유머와 여백을 품은 문장으로 표현됐다. '거룩한 풍경에 고요한 웃음'을 입히는 방식이다.

> **포인트: 장면의 힘**. 절 자체보다 그 절이 '어디에', '어떻게' 존재하는지를 장면으로 포착한다.
> **핵심 무기: 시각적 팩트**. 농부 삿갓 아래 숨은 절, 다람쥐가 사과를 훔쳐가는 유머, 주지 스님이 품은 수행의 사연. 시각 묘사와 풍경의 구조 배치, 인간의 흔적이 어우러진 이미지 중심 글쓰기.
> **전략: 시각적 전환**. 카메라의 줌인-줌아웃 구조로 움직이며 독자를 현장으로 안내한다.

2. 화천 김영순 - 주인공: 사람

왜 김영순인가: 파로호나 비수구미도 충분히 인상적인 공간이다. 하지만 이 글에서 주인공은 그 안에서 평생 산 사람, 김영순이다. 첩첩산중 오지에서 살아온 그녀의 말투와 표정, 수십 년을 살아낸 방식 자체가 장소의 매력보다 더 강한 인간적 울림을 준다.

문체 전략: 이야기는 전부 김영순 입에서 나온다. "다 시켰어, 다.", "맹추라, 그게 사는 건 줄 알았어." 이런 입말의 힘을 살리기 위해 문장은 구어체로, 육성으로 들리는 듯한 짧은 호흡으로 구성되었다. 그런데 시각적이다. 독자들은 김영순 육성을 통해 고단하고 적적한 비수구미 삶을 '본다'. 고단한 삶을 위로하지 않고, 그냥 보여

주는 방식으로 감정을 쌓아올렸다.

> **포인트: 사람의 서사.** 오지에 사는 한 인물의 삶을 통해 공간을 체험하게 만든다.
> **핵심 무기: 육성.** 입말, 반복, 자조적 유머. "젊을 때 고생하면 늙어 죽을 때까지 고생이다" 같은 육성은 감정을 직접 말하지 않지만 모든 감정을 전한다.
> **전략: 입말 중심 구성.** 설명이 아닌 보여주는 설계. 장소 설명보다 인물의 삶이 전면에 나서서 공간을 살아 있는 풍경으로 만든다.

3. 아우랑가바드 엘로라 - 주인공: 바위와 신전

왜 엘로라인가: 인도는 많은 이들에게 종교적 신비와 초현실적 감각을 주는 나라. 엘로라는 그 기대를 집약한 공간이다. 그곳에 인간이 아니라 하늘이 찍어낸 듯한 장면이 존재한다. 그래서 이 기행문 주인공은 사람도 도시도 아닌 바위 하나, 신전 그 자체다.

문체 전략: 문체는 의도적으로 시적이고, 명상적이며, 철학적이다. '완전연소', '만물은 모두 연결돼 있었다', '한 신에게 바친 정성, 그들은 모든 신성함을 위해…' 이들 어휘와 문장은 장엄하고 신성한 분위기에 맞게 선택한 요소들이다. 감탄을 유도하지 않고 존재의 경이로움을 천천히 흘려보낸다. 수평적 여정이 아니라 '수직적 몰입'에 중점을 뒀다.

> **포인트: 공간을 주인공으로.** '신전과 바위' 자체가 주인공이다. 인간 존재보다 더 오래, 더 깊은 신성과 시간의 층위를 보여주기.
> **핵심 무기: 팩트의 명상적 서술.** 감정을 직접 말하지 않고 신비를 침묵 속에 흘려보낸다.
> **전략: 문체와 설계.** 시각 묘사 중심이지만 문체는 시적이다. 바위 하나에서 세계 전체를 끌어내 인간과 신의 일체감을 보여주는 구조적 설계.

정리: 자고로 기행문은

핵심 메시지	기행문은 영화다. 감정을 말하는 대신 감정이 보이는 장면을 보여줘라.
주된 무기	시각적 묘사 / 공간과 움직임의 이미지화 / 장면 단면화
실전 전략	① '눈에 보이는 장면'으로 설계하라. ② 감정보다는 장면의 질감·색감·움직임에 집중하라. ③ 인물/풍경/역사 중 하나를 '주인공' 삼아 흐름을 설계하라.
금기사항	① 감상문적 서술 ② 과다한 수식어 / 뜬금없는 미문
이 장르의 착각	'여행은 느낌이 중요하다'는 착각. 감정은 장면 속에서 배어 나와야 한다.
마지막 장면	명상으로 맺어라.

실습: 그곳이 궁금하다

예시 1: 인물이 주인공인 기행문
전략: 감정 없는 기록이 감정을 만든다. '삶'이 문장을 대신한다.
과제: 당신이 만난 인물 한 명을 떠올려보자. 그 사람의 삶이 드러나는 '단 하나의 말'을 중심으로 단락을 구성해 보자. 단, 단순한 인물 글이 아니라 여행지에서 만난 사람이라고 가정하라.

예시 2: 공간이 주인공인 기행문
전략: 장면을 구체적으로 묘사해 보라.
과제: 경복궁 월대를 처음 가본 글을 써보라. 이를 위해서는 사전 조사가 필수다. 현장에서 본 풍경과 사람들 멘트를 비벼서 월대에 대해 기행문을 쓴다.

요점 정리

1. 감상문 아니다. ① 철학과 세계관을 담아라.
2. 감상문 아니다. ② 팩트를 담아라.
3. 글은 카메라 렌즈다. 장면을 '찍어라'.
4. 현장에서 이끄는 주인공이 필요하다. 장소? 사람?
5. 명확한 주제를 두고 묘사할 대상을 구체화해라.
6. 사전 취재 없는 기행문은 불량품이다.

7장

의심으로 시작해 사료로 끝내는, 역사

　역사에 관해 글을 쓰려면 정신을 바짝 차려야 한다. 딱 떨어지는 이야기는 모두 거짓말이다. 대중이 알고 있는 많은 역사는 신화고 감동은 왜곡이다. 역사 글쓰기는 의심에서 시작해 사료로 끝난다. 의심이 없으면 글은 환각 속을 헤맨다. 사료가 없으면 글은 가짜다. 이렇게 마음먹어라. 지금 내가 믿고 있는 역사, 절반 이상은 사실이 아니다.

　다음으로 팩트를 어떻게 나열해서 독자를 끌어들일 것인가를 고민하라. 잘 설계된 구성 속에서 감정을 배제한 문장으로 팩트를 실어날라라. 팩트의 흐름에 독자들은 긴장하고 한숨을 쉬고 유쾌하게 웃으며 독서를 이어간다.

핵심 정리

포인트: **'팩트'**. 역사 글쓰기는 사실로 무장한 논리적 전투다. 감정은 전투를 방해한다.

핵심 무기: **비판적, 직설적 화법.**

전략: **서사**. 논문이 아니다. 역사에 전문 지식이 없는 독자들에게 독서하는 즐거움을 줘야 한다.

예시문 1

개혁군주 영조의 '내로남불'

　등극한 지 만 2년째 되던 서기 1726년 10월 13일, 조선 21대 왕 영조가 종묘에 행차했다. 선왕 경종 삼년상을 마치고 신위를 종묘에 모신 영조는 이날 오후 창덕궁 인정전에서 3대 국정지표를 발표했다.(1726년 10월 13일 『영조실록』) 좌의정 홍치중이 대신 읽은 국정지표는 세 가지였다.
　첫째는 계붕당(戒朋黨)이다. 편 가르기 때려치우고 정치 똑바로 하라는 주문이다.
　둘째는 계사치(戒奢侈)다. "금과 옥은 먹을 수도 입을 수도 없으니 신분 고하를 막론하고 아끼라"고 했다.
　마지막으로 계숭음(戒崇飮)이다. "술은 사람을 미치게 하는 광약(狂藥)이니 엄금한다"고 했다.
　그리하여 이날부터 1776년 영조가 죽을 때까지 50년 동안 조선은 화합의 정치와 검소한 도덕적 삶과 주정뱅이 없는 세상이 됐다? 그럴 리가 없었다. 문제는 입으로 내뱉은 도덕률 뒤에 숨은 위선이었다.

18세기 조선의 가난과 사치

임진왜란 이후 조선은 가난하게 살았다. 아시아 요업 산업을 선도했던 조선은 전쟁 때 일본군에 도공들을 집단으로 빼앗겼다. 농사지을 땅은 급감했고, 나라 재정도 엉망이었다. 한번 파괴된 기반시설은 회복이 느렸다.

세월이 흘러 숙종(재위 1674~1720년)대가 되니 태평성대가 왔다. 민간 생산이 서서히 늘고 이에 따라 상류층이 부의 상징으로 사치를 부릴 그 무렵, 영조가 등극한 것이다.

엄한 국정지표에 따라 부녀자들은 화려한 가체(加髢)가 금지되고 족두리를 써야 했다.(1756년 1월 16일 『영조실록』) 금실로 수놓은 비단 또한 금지됐다. 민간에 화려한 그릇이 유행하자 영조는 값비싼 청화안료를 쓰는 청화백자 제작을 금지하고 질 떨어지는 철화백자만 생산하도록 명했다.(1754년 7월 17일 『영조실록』) 사치금지법은 재위 내내 사회 전반에 시행됐다.

술 먹고 사형당한 관리

재위 7년째, 영조는 다시 한 번 금주령을 강화했다. "왜 사대부 양반에게는 법을 적용하지 않고 상민과 천민에게만 집행하는가. 세력 있는 자는 적발하지 못하니, 근본을 버려두는구나."(1731년 6월 10일 『영조실록』) 몸통은 놔두고 깃털만 건드리니, 언젠가는 혼쭐을 내겠다는 경고였다.

마침내 간 큰 고위 관리가 시범 사례로 적발됐다. 함경 남병사 윤구연이 술을 마시다 걸린 것이다. 정확하게 말하면, 윤구연 집에서 술 냄새가 나는 빈 항아리가 나온 것이다. 심문은 영조가 직접 했다. 장소는 서울 남대문이었다.(1762년 9월 17일 『영조실록』) 궁을 떠나 남대문에 도착한 영조는 약방제조가 바친 탕제를 마시고 문초를 시작했다.

"왜 술을 마셨나." 윤구연은 "술이 아니라 송골매알을 담가 뒀다"고 답했다. 영조는 "술 냄새 나는 매알도 있나"라며 일단 곤장을 한 대 쳤다. 윤구연이 "이 몸의 첩과 첩의 어미와 종이 술을 담갔다"고 실토했다. 영조는 다시 곤장을 세 대 치고 이리 말했다. "너는 불효에 불충을 저지르고 군법까지 위반했다. 어찌 피하겠는가." 윤구연이 늘어놓는 장황한 변명을 끝까지 들은 영조는 "금주령을 어긴 죄인 목을 잘라 장대에 걸라"고 명했다.

사헌부 교리 강필리와 사간원 사간 여선응, 홍문관 지평 최청이 "목숨은 중하다"며 선처를 호소했다. 왕은 "너희가 군왕을 살인자라 부르는가"라며 세 사람을 파면했다. 영의정, 우의정, 좌의정이 또 처벌을 만류했다. 영조는 "법이란 내가 만드는 게 아니라 예로부터 만인에게 적용되는 것!"이라며 이들 또한 그 자리에서 파면했다. 그 사이 나발과 북소리가 울려 퍼졌고 윤구연은 목이 잘렸다. 영조는 윤구연 첩을 함경도 갑산 관비로 보내고 비변사에 있는 아들 윤범행과 칠곡부사인 형 윤경연 또한 파직시켰다.(1762년 9월 17일 『승정원일기』) 아무도 반항하지 못했다.

민생사범 단속령-'여가탈입' 금지

임진왜란 이후 한성 인구는 급격히 증가했다. 당연히 주택난도 심화됐다. 지방에서 벼슬자리를 얻어 상경한 관리들은 집이 없었다. 상경 관리들 가운데에 버르장머리 없고 포악한 사람들은 아무 여염집(여가·閭家)에 들어가 집을 빼앗고 살았다. 주민을 채찍으로 때려 내쫓고 집을 빼앗기도 했다.(1615년 8월 2일 『광해군일기』) 이를 '여가탈입(閭家奪入)'이라 한다. 여염집을 빼앗아 들어간다는 뜻이다. 17세기 호적상 한성 인구 75%가 상민과 천민이었으니(이근호, 「17·18세기 여가탈입을 통해 본 한성부의 주택문제」, 『도시역사문화』 2호, 서울역사박물관, 2004) 백성 주거권과 재산권은 언제든지 25%인 양반에 의해 폭력적으로 박탈될 위기에 놓여 있었다.

영조는 즉위와 함께 여가탈입 금지를 특별히 지시했다.(1724년 11월 1일 『영조실록』) 하지만 이런 불법은 여전했다. 민가를 빼앗은 관리는 2년 금고형, 일반 사대부는 과거 응시 자격 박탈 6년 형이라는 형벌이 규정된 때는 재위 30년째인 1754년이었다.(1754년 7월 16일 『영조실록』) 하나둘 처벌로 없애기에는 여가탈입이 너무 많았다는 뜻이기도 했다.

영조 7년 사간원 정언 이성효가 "여가탈입 금지령을 정승 한 명이 어겼는데, 아무도 보고를 하지 않았다"며 "재조사를 통해 처벌해야 한다"고 보고했다. 이에 영조는 "승정원에서 조사해 의법 조치하라"고 명했다.

다음 날 금지령을 어긴 정승 정체가 밝혀졌다. 바로 5년 전 3대 국정지표를 대독한 당시 좌의정이자 현 영의정 홍치중이 아닌가.(1731년 7월 15일, 16일 『영조실록』)

개혁의 민낯 '내로남불'

왕이 말했다. "법 적용에 어찌 차별이 있을 수 있겠는가? 금령을 신칙하는 뜻은 폐지할 수가 없다. 관련자들을 노역형에 처한 뒤 유배시키라." 과연 엄한 개혁 군주였다.

하지만 홍치중에 대해서는 그 처분이 달랐다. 영조가 말했다. "홍치중에게 선유하게 하여 대명(待命)하지 말도록 하라." '백성에게 임금 뜻을 알리게 하고 그로써 처벌을 면하게 한다'는 뜻이다. 구두 경고도 아닌, 스스로 반성문 한 번 쓰게 하고 사건을 덮겠다는 뜻이다.

당사자는 물론 왕에게 경고를 해야 할 신하들도 선처를 부추겼다. 우승지 조명신은 "임금과 신하의 의리는 생각하지 않으십니까?" 하고 물었다. 홍치중은 "오해가 있었다"고 변명했다. 영조는 '온화한 비답을 내려 위로하고' 관련자들에게 내렸던 노역형과 유배형도 취소시켰다.(1731년 7월 16일 『영조실록』) 바로 한 달 전 "세력 있는 자는 적발하지 못하니, 근본을 버려두는구나"라고 내뱉었던 탄식은 간 곳 없었다. 개혁보다는 '군신 간 의리'가 먼저였다.

금주령의 위선

1755년 9월 영조는 "식혜를 '예주(醴酒)'라 하니 이 또한 술이다. 제사상에 술 대신 올리라"며 제수용 술을 금지했다. 대신 영조는 술 대신 송절차(松節茶)를 즐겼다. "고금에 어찌 송절차의 잔치가 있겠는가?"라며 금주를 실천하는 모습을 스스로 대견해할 정도였다.(1766년 8월 16일 『영조실록』)

그런데 이 송절차가 정체불명이었다. 차를 마시면 왕이 이상해지는 것이다. 이런 일이 있었다.

'홍건이라는 종9품 무관이 강론에 참석했다. 왕이 그에게 물었다. "'정흉모(丁胸矛)'라는 창을 아느냐." 홍건이 머뭇대자 영조는 병조판서에게 곤장을 치게 했다. 곤장을 거의 반쯤 쳤을 때에도 묵묵부답이었다. 영조가 성난 목소리로 말했다. "요상한 놈이다. 내가 직접 심문해 혼내주겠다." 옆에 모시던 사람들이 새파랗게 질렸다. 홍건이 천천히 아뢰었다. "성상 말씀이 평소 알고 있던 것과 달라 즉시 대답하지 못했나이다." 의외로 홍건은 정흉모라는 무기에 대해 해박하게 답했다. 영조는 급히 그를 서천현감에 임용했다.'(성대중, 『청성잡기』 4, 「성언(醒言)」, '초관 홍건의 기개와 영조')

말단 무관에게 화를 내고 평소와 달리 행동하더니 종9품 말직을 종6품 현감으로 즉석에서 인사 조치하는 기행. 그 비정상적인 행동에 대해 '청성잡기'에는 '영조가 마침 송절차를 마신 터라 약간 취한 채 말하였다'라고 적혀 있다. 취한 채? 마시고 취하는 차 봤나?

차가 아니라 술이다. 신하들에게 송절차를 권하며 "취해서 쓰러지더라도 허물 삼지 않겠다"고 한 사람도 영조였고(1769년 2월 26일 『영조실록』), "전에는 탁했으나 지금은 맑고, 물을 많이 섞으니 담백하다"고 한 사람도 영조였다.(1769년 6월 12일 『승정원일기』) "법은 만인에게 적용되는 것"이라고 서릿발처럼 선언한 사람도, 개혁 군주 영조였다. 만인 속에 본인은 없었다.

윤구연 처형되던 날 죽다 산 사내

훗날 다산 정약용은 윤구연을 처형하던 날 『영조실록』과 『승정원일기』에 누락된 사실 하나를 자기 문집에 기록해 놓았다.

'임금께서 숭례문에 납시어 윤구연 머리를 베어 도성 사람들에게 보이고 좌우를 돌아보며 말했다. "술 마신 자가 있거든 바로 고하라. 저와 같이 죽일 것이다." 그때 대장 이주국이 임금을 호위하고 있었는데 앞으로 나와 엎드려 말하기를 "소신은 얼마 전 술 한 잔을 마셨으니 감히 숨기지 못하나이다"라고 하였다. 임금께서는 좌우를 둘러보며 다른 말을 하셨다. 그 자리에 있던 여러 신하가 다리를 덜덜 떨었다.'(정약용, 『여유당전서보유』, 「혼돈록(餛飩錄)」 3, '이대장(李大將)')

정약용에 따르면 술을 먹었다고 자수한 사람이 하필이면 자기가 아끼던 무관이었다. 이에 왕은 못 들은 척하고 딴청을 피웠다는 기록이다. 신하들은 그 위선 앞에서 아무 말 못 하고 떨 뿐이었다.

이 많은 에피소드를 정리하면 이렇다. '집은 고관대작에게 빼앗기고 장식은 사치라 금지됐으며 술은 목숨 걸고 마셔야 하고 고급 그릇을 쓰면 비난받던 시대'.

"우리는 즐긴다"

1776년 개혁 군주가 죽었다. 이듬해 열네 번째 딸 화유옹주가 죽었다. 216년이 지난 1992년 경기도 부천에 있는 화유옹주와 남편 황인점

합장묘에서 옥비녀, 그릇 따위 화려한 부장품 30여 점이 쏟아졌다. 모두 생전에 사용하던 물건들이었다. 그릇도 10여 점이 나왔다. 이 가운데 황채장미문병(黃彩薔薇紋甁)과 녹유리장경각병(綠琉璃長頸角甁)은 영조가 금지한 청나라 수입품이었다. 꽃병들이 이리 말한다. '저들은 처벌하고, 우리는 즐긴다.'

역사 글쓰기의 전술

1. 의심하여라

모든 것을 의심하라. 역사는 무조건 팩트다. 감정이나 흥분이 앞서면 역사에 관한 글이 판타지 소설로 변한다. 영화나 드라마로 배우는 역사는 무-조-건-거-짓-말이라고 생각하고 바라봐야 한다. 감동적이다? 의심해라, 그 감동은 거짓말이다.

소위 '비판적 시각'이 역사를 다루는 작가에게 필요한 제1 덕목이다. 감동은 머리나 가슴에서 나오지 않는다. 기록과 사료에서 나온다. 그러니 감동적인 문장이 등장하면 반드시 1차 사료를 찾아서 확인해야 한다. 남들이 쓴 칼럼이나 기사, 단행본에 푹 빠져서 옛날 그 시대에 남긴 기록을 외면하면 역사에 대해 쓸 자격이 없다. 문장 하나 확인하려고 하룻밤을 새우기도 한다. 힘들겠지? 당연히 힘들다. 일일이 찾아야 하니까.

하지만 옛날보다 훨씬 쉽다! 조선왕조실록, 승정원일기는 물론 웬만한 1차 사료들은 거의 온라인에 공개돼 있다. 그것도 국역본들이. 국사편찬위원회가 운영하는 '한국사 DB', 고전번역원이 운영하는 '고전종합DB'(모두 검색하면 나온다)는 자료의 바다다. 또 국립중앙박물관 정기회원으로 가입하면 웬만한 논문들은 자리에 앉아서 읽을 수 있다. 자료가 없어서 못 쓴다는 변명은 안 통한다. 당신이 믿고 있던 모든 위인의 '다른 얼굴'은 그 안에 있다. 아, 모두 무료다.

2. 설계하여라

역사는 어렵고 재미없다. 그런데 사극은 재미있고 영화도 재미있다. 왜? 설계를 했으니까. 집을 지을 때 쓸 재료는 팩트다. 팩트로 집을 지을 때 의지할 곳이 바로 설계도다. 모든 서사는 '충돌하는 팩트'에서 시작한다. 소위 갈등 구도다. 싸움 구경이 재미있으니까 권투며 UFC며 야구에 농구 같은 종목이 흥행이 된다. 팩트끼리 싸움을 붙이면 그 글은 성공이다. 설계 없는 집은 위험하고 남루하다. 팩트를 설계하라. 역사 비평은 논문이 아니다. 학자가 아니라 일반 독자가 읽는다.

3. 문체 전략: 감정 없는 직설

필자가 분노하면 독자는 그 필자에게 열받는다. 팩트를 알고 싶은데 팩트는 보이지 않고 분노하는 필자만 보인다. 그러면 그 글은 역사 서사로 실패작이다. 정말 좋은 역사 서술은 그 어떤 해석도 없이 팩트만으로 구성된 글이다. 그런데 인간이 그럴 수 없으니 감정이 들어가고 해석이 들어간다. 최소화하라. 예컨대:

'궁을 떠나 남대문에 도착한 영조는 약방제조가 바친 탕제를 마시고 문초를 시작했다.'

이 문장은 건조하다. 그런데 그 앞에 '영조실록'이라는 1차 사료 출처가 표시돼 있다. 상상이 아니라 팩트라는 표시다. 저 문장에

'혹독한 문초' 같은 가치판단적인 어휘가 있다면 오히려 독자 기대감을 떨어뜨린다. 그저 팩트를 보여주면 된다.

4. 함정: 상상과 왜곡

결론을 정해놓고 글을 쓰면, 사실은 도구가 된다. 영조를 미워하는 마음도, 존경하는 마음도 둘 다 위험하다. 가장 악질적인 왜곡은 선의에서 출발한다.

예시문 분석 1

영조는 왜 스스로 법을 어겼는가

'그는 술을 마신 자를 죽였고, 자기 입에선 술 냄새가 났다.' 팩트를 배열했을 뿐인데 위선이 읽힌다. 도덕주의자와 위선가라는 팩트를 글 곳곳에서 충돌시키면서 영조라는 역사적 인물을 그려냈다. 이 갈등 서사가 독자를 끄는 힘이다. 직접적인 평가나 감정 개입 없이 팩트 배열만으로 독자들을 그렇게 유도했다. 설명하지 않아도 독자는 알게 된다. '기록으로 말하는' 서술 방식이다.

포인트: 개혁 군주의 위선이 실록 속 팩트로 드러난다. 충돌하는 팩트가 서사의 출발점이다.

핵심 무기: 실록 중심의 사료 배열. 감정 없는 직설적 문장.

전략: 기록된 팩트를 독자 흥미를 끌어내는 구조로 서사화한다. 기승전결 혹은 서론 본론 결론 혹은 엄청난 반전 같은 '설계'가 필요하다. 화유옹주 묘에서 출토된 청나라제 수입 도자기가 반전이다. 영조 혹은 조선 권력층의 위선이 이 에피소드에서 폭로됐다.

괴벨스를 위한 변명

'큰 거짓말을 반복하면 대중은 결국 믿게 된다.'
If you tell a lie big enough and keep repeating it, people will eventually come to believe it.

더 간단한 인용구도 있다.

'거짓말을 오래 하게 되면 진실이 된다.'
If you tell a lie long enough, it becomes the truth.

그 이름도 유명한 나치 독일 국가대중계몽선전장관 요제프 괴벨스 Joseph Goebbels(1897-1945)가 남긴 명언이다. 괴벨스는 제2차 세계대전 말기인 1945년 4월 30일 권총자살한 나치 독일 총통 아돌프 히틀러 유언에 따라 후임 총통에 임명됐다. 그리고 다음 날 가족들과 동반자살했다. 일주일 뒤 나치는 연합군에 무조건 항복했다.

그때까지 나치를 떠받쳐준 힘은 군사력과 선동력이었다. 독일이라는 공동체 내부에 적을 만들어 적대감을 결집시켜 타도하고, 잔여 공동체 구성원을 또 분열시켜 적을 만들어 타도하며 세력을 강화했다. 외부적으로는 이들을 동원해 만든 군사력으로 제3제국 영역을 확장해 갔다. 폴란드가 독일 소수민족을 탄압한다고 선동해 폴란드 침공을 합리화했고 영국 군함을 격침시킨 뒤 영국 총리 처칠이 시한폭탄으로 침몰을 시도했다고 독일 국민들을 선동해 전쟁을 정당화했다. 그 모든 거짓말들이 정교한 프레임 속에 진행됐다. 대다수 독일 국민은 괴벨스가 한 모든 거짓말을 진실이라 믿었다. 심지어 전쟁 말기 패전이 사실화됐음에도 사람들은 승리를 확신했다.

다 거짓말이 가진 힘이다. 특히 '전문가에 의해' '반복되고' '오래된' 거짓말은 거짓말이라고 입증하기가 불가능에 가깝다. 진실이 된다. 그래서 가짜뉴스나 선전·선동이 가지는 힘을 이야기할 때는 괴벨스가 빠지지 않는다.

'역신뢰(逆信賴)의 역설'

근대사 연구에서 가장 쉽게 빠질 수 있는 오류가 '역신뢰(逆信賴: Reverse Credibility)의 역설'이다. 어떤 뉴스 주인공이 가지고 있는 '부정적인 이미지(Negative ethos)'가 오히려 그 뉴스 주인공에게 신뢰를 주게 되는 역설이다.[*]

한국사에서는 역신뢰의 역설이 심각하다. '근대사에서 벌어진 크고 작은 문제는 일본이라는 악마(Demon)가 원인'이라고 몰아붙이면 웬만한 대중적인 논쟁은 종식되고 공감대가 형성돼 버린다. "총독부는 악마 그 자체"라고 얘기할 때 이를 부정하는 사람은 총독부와 동급인 악마로 지탄받는다. 그래서 입은 닫히고 논쟁은 거기서 멈춘다. 웬만한 오류와 잘못은 일본과 총독부에 책임을 돌리면 대개 공감을 얻는다. 왜? 일본과 총독부는 바로 그 '웬만한 오류와 잘못'이라는 악행을 충분히 저지르고도 남을 악마들이니까!

이게 한국 근대사에 조악하고 편협한 가짜뉴스와 괴담이 횡행하게 된 근본적인 이유다. 역신뢰의 역설에 빠진 대중은 너무도 강력하다. 양심적인 많은 학자들은 입을 다문다. 몰양심적이고 게으른 많은 학자들은 더 많은 사료를 뒤지는 대신 '추정' 혹은 '틀림없다'까지 가는 단정적 선언으로 많은 근대사 상처 책임을 일본에게 돌린다.

'역적 이완용이 "선한 전쟁보다 악한 평화가 좋다"고 말했다'면서 이를 대중매체 칼럼과 정쟁 도구와 청소년을 위한 강연에 인용하는 사람들도 괴담가들이다. 미안하다. 이 말은 이완용이 아니라 기원전 로마 정치인 키케로(Marcus Tullius Cicero: 기원전 106~43)가 한 말이다.**

이완용은 악의 화신이고, 이완용이 아니고는 "항일 투쟁보다 나라 팔아먹고 편히 사는 게 좋다"고 말할 사람이 없다는 역신뢰의 역설을

---

* Quentin J. Schultze & Randall L. Bytwerk, 〈Plausible Quotations and Reverse Credibility In Online Vernacular Communities〉, 《A Review of General Semantics》 Vol. 69, No.2, Institute of General Semantics, 2012, p.221: 원문은 'Credibility conferred on a speaker or writer because of the alleged reference's negative ethos'
** Cicero, 'Letters to Atticus' Volume 4, Cambridge University Press, 2004, p.21

적극 활용한 가짜뉴스다. 이완용은 그런 말을 한 적이 없다. 그리하여 그 모든 가짜들이 진실이 되었다. 괴벨스 말대로 '전문가가' '반복해서' '오래' 내뱉은 거짓말이 진짜 뉴스와 진짜 역사가 되었다. 진실은 쫓겨나고 괴담이 진실 이름표를 달고 대중에게 자랑스럽게 인사를 하는 세상이 되어 버렸다.

괴벨스를 위한 변명

이제 괴벨스를 위해 변명을 해보자. 괴벨스가 "거짓말을 반복하다 보면 결국 진실이 된다"라고 주장했다는 말은 그 자체가 괴담이다. 괴벨스는 이 말을 한 적이 없다. 이는 나쁜 주장은 나쁜 놈이 했으리라고 믿는 확증편향이 만들어낸 가짜뉴스다. 괴벨스가 남긴 그 어떤 저작과 연설문에도 이 문장은 나오지 않는다. 1941년 1월 12일 괴벨스는 'Aus Churchills Lügenfabrik(처칠의 거짓말 공장에 대하여)'라는 논문에서 이렇게 주장했다.

'영국놈들은 "거짓말을 하려면 제대로 해야 하고 끝까지 진짜라고 우겨야 한다"라는 원칙을 추종한다. 아무리 골때리게 들리는 한이 있더라도 그자들은 끝까지 거짓말을 한다(The English follow the principle that when one lies, one should lie big, and stick to it. They keep up their lies, even at the risk of looking ridiculous).'

괴벨스는 죽을 때까지 본인과 나치 제국이 진실을 추구한다고 믿었다. 오히려 영국이 거짓말을 남발해 제국 가치를 떨어뜨린다고 생각했다. 독일어 원문은 아래와 같다.

Die Engländer gehen nach dem Prinzip vor, wenn du lügst, dann lüge gründlich, und vor allem bleibe bei dem, was du gelogen hast! Sie bleiben also bei ihren Schwindeleien, selbst auf die Gefahr hin, sich damit lächerlich zu machen.*

'큰 거짓말' 운운하는 맨 앞 문장은 괴벨스가 죽고 나서 50년이 지나 인터넷이 대중화되면서 생겨난 가짜뉴스에 불과하다. 2002년에 12개 사이트에 등장한 이 '거짓말 명언'은 2008년 1만 4,000개 사이트에 인용되더니 2011년 12월에는 자그마치 50만 개 사이트에서 괴벨스가 한 말로 확정돼 인용됐다. 그 어느 인용에도 출처는 없었다.**

자기 선동이 거짓말이라고 자백하는 선동 전문가가 어디 있겠는가. 상식적으로 생각하면 지극히 의문스러운 괴벨스답지 않은 언행이지만, 우리는 그렇게 역신뢰의 늪에 빠져 즐겁게 괴벨스를 인용한다. 정말 괴벨스가 아니면 이런 발상을 할 놈이 없으리라 싶을 정도로 괴벨스적인 주장이니까. 우리 호모 사피엔스들은 귀가 얇고 뇌주름은 밋밋하다. 딱

---

* Joseph Goebbels, 'Aus Churchills Lügenfabrik(처칠의 거짓말 공장에 대하여)', Die Zeit ohne Beispiel: Reden und Aufsätze aus den Jahren 1939/40/41(전례 없는 시대: 1939년~1941년 연설과 논설), 국가사회주의 독일노동자당 중앙출판국(Zentralverlag der NSDAP)(1941, 뮌헨), p.365
** Quentin J. Schultze & Randall L. Bytwerk, 앞 논문, pp.221, 222

괴벨스스러우니까 믿는 것이다. 우리는 그런 괴담시대에 살고 있다. 그래서 《톰 소여의 모험》을 쓴 미국 소설가 마크 트웨인이 일찍이 이렇게 설파했다.

"진실이 막 신발을 신고 있을 때 거짓말은 지구를 반 바퀴 돌 수 있다 (A lie can travel halfway around the world while the truth is putting on its shoes)."

이 유명한 명언을 기억하는 독자들께 죄송하지만 마크 트웨인은 이런 말을 한 적이 없다. 이는 찰스 스퍼전이라는 영국 목사가 한 말이다. 이렇듯 괴담을 묻고 따블로 괴담을 치는 그런 시대에 우리가 살고 있다. 이제 우리 안의 괴벨스를 찾아라.

예시문 분석 2

억울했던 괴벨스

가장 유명한 인용문이야말로 거짓일 수 있다. 반복적으로 인용되고 사실화된 주장이 사실은 진실이 아님을 복선적인 구조로 입증한 글이다. '이러이러하니 그럴 리 없다'는 추론이 아니라 '팩트'로 입증했다. 원문 출처를 논문을 재인용해 밝히고 인터넷 시대 이후 인용 횟수 변화를 밝혔다. 이 글에 반박할 수 있는 '논리'는 존재하지 않는다. 팩트가 무기니까.

포인트: 팩트. 유명한 인용문이 사실이 아닐 수 있다는 인지적 역설을 팩트로 입증한다.
핵심 무기: 팩트. 원문과 논문으로 거짓임을 입증.
전략: 서사. 괴벨스 명언 인정 → 이완용 케이스 인용 → 반전: 괴벨스의 변명

정리: 역사 비평은

핵심 메시지	의심과 팩트. 감동은 신화를 만든다. 신화는 기록을 파괴한다. 역사는 팩트다.
주된 무기	비판적 사고 / 건조한 문체 / 사료 출처 공개
실전 전략	설득력은 팩트 배치에서 온다. 팩트로 서사를 만들어라.

금기사항	상상과 감정. 감정을 동원한 미화 혹은 악마화.
이 장르의 착각	"의도는 좋으니까." 천만의 말씀. 선의에서 왜곡이 시작된다.
마지막 장면	역사는 감동이 아니다. 불편한 팩트다.

실습: 신화를 부수는 팩트를 찾아라

1. '이순신은 단 한 번도 패하지 않았다'는 말이 정말일까? 기록으로 검증해보자.
2. '한양이 풍수지리로 정해졌다'는 주장에 대한 사료적 근거를 모아보자.
3. '세종은 인권의 왕'이라는 명제를 신분제 관련 기록으로 검증해보자.
4. 가장 감동적이었던 역사 미담 하나를 골라서 진위를 분석해보자.

요점 정리

1. 딱 떨어지는 이야기는 거짓말이다.
2. 의심에서 시작해 사료로 끝낸다.
3. 역사 서술의 제1 덕목은 '비판적 시각'이다.
4. 감동적이다? 반드시 1차 사료로 검증하라.
5. 거짓말하지 마라. 진짜 역사는 객관적인 자료 안에 있다.
6. 팩트를 설계하고 서사를 구성하라.
7. 화내지도 말고 감동하지도 마라. 팩트만 보여줘라.

8장

짧고 매운,
칼럼

칼럼은 짧은 글이다. 주장을 담은 짧은 글이다. 호흡이 긴 글은 진중하게 독자를 인도하지만 칼럼은 휘몰아쳐야 한다. 독자를 정신없게 끌고 가는 글이 칼럼이다. 짧기 때문에 더 강해야 한다. 단문이어야 하고, 단문은 울림이 있어야 한다. 기행문 편에서 '글은 칼이 아니라 붓'이라고 한 말을 기억하시는지. 칼럼은 아니다. 칼럼을 쓰는 글은 칼이다. 찌르고 베야 한다. 앞에서 언급했던 200년 전 글쟁이 연암 박지원 글쓰기를 다시 꺼내보자.

'남을 아프게 하지도 가렵게 하지도 못하고 구절마다 범범하고 데면데면하여 우유부단하기만 하다면 그런 글을 대체 어디다 쓰겠는가(譽言不痛不癢 句節汗漫 優游不斷 將焉用哉).'

8장 | 짧고 매운, 칼럼

197

박지원 아들인 박종채 회고록 '과정록'에 기록된 문장이다. 더 무서운 말이 있다.

'말이 전환되는 곳에는 깔끔하고 진중한 글자를 써야 그 울-림-이-통-쾌-하-고(音響暢) 조리가 명쾌해진다. 시에만 울림이 중요한 것이 아니다. 글 또한 마찬가지다.'

이 '통쾌한 울림'을 고민하라. 박지원은 그 울림을 위해 문장을 깎았다. '얇고 날카롭게' 문장을 갈았다. 칼럼은 논문이 아니다. 서술 방식은 논증이 아니라 폭로다. 독자는 참을성이 없다. 긴 설명은 독자를 떠나보낸다. 칼럼은 감상문이 아니다. 필자가 가진 신념 혹은 주장을 공격적으로 전달해야 한다. 점잖 떨어봤자 독자들은 점잖다고 감탄하지 않는다. 언중(言衆)이 허락하는 한도 내에서 마음껏 공격한다. 필자 본인이 멋진 주장이라고 생각해도 주장을 맵게 설득하지 않으면 무의미하다. 예쁘고 점잖은 문장은 감정을 건드리지 못한다. 건드리려면? 문장들을 짧게 만들어라.

칼럼에 대한 핵심은 다음과 같다. 뒤 페이지에 있는 두 예시문을 읽고 글들이 가진 개성과 전개방식, 문체를 분석해보자.

핵심 정리

포인트: 칼럼은 짧고 매워야 한다. 매워야 눈물이 나고, 매워야 화가 나고, 매워서 정신이 든다. 그래야 살아 있는 주장이 된다.

핵심 무기: 압축된 문장, 설득력 있는 팩트.

전략: 문장은 심장을 찌르도록 강력하고 짧게 쓴다. 팩트로 힘을 집중한다. 팩트는 리듬에 맞춰 구성하고 마지막 문장은 송곳처럼 날카롭게 쓴다.

예시문 1

고바야시 켄 회장의 경고
- 한국 관광산업의 경쟁력

2023년 6월 9일 대한상의와 일본상의가 '제12회 한일 상의 회장단 회의'를 부산 시그니엘호텔에서 열었다. 인대 끊어진 한국 최태원 회장 참석도 화제고 12년 만에 열린 두 나라 기업인 회동도 화제였지만, 일본 고바야시 켄 회장이 한 인사말에 섬뜩한 부분이 있었다. 고바야시 회장이 덕담으로 던진 관광객 숫자다.

"인적 교류의 확대도 중요한 테마인데 올해 1월부터 4월까지 해외에서 오신 방일 관광객 중 약 30%가 되는 206만 7,000명이 한국에서 오셨다. 같은 기간 해외에서 한국을 방문하신 관광객 중 약 20%가 되는 48만 1,000명이 일본에서 왔다."

양국 국민들이 서로에게 그만큼 관심이 많고 교류도 많다는 이야기다. 그런데 저 숫자들을 뒤집어보면 무섭다. 4월까지 일본 방문객은 700만에 달했고 한국 방문객은 200만 갓 넘었다는 뜻이다.

일본관광교류협회와 한국관광공사 통계를 찾아봤다. 사실이다. 2023

년 3월까지 누적 외국인 관광객 수는 일본이 479만 명이고 한국은 171만 명이다. 한국관광공사는 4월 통계가 없어서 비교 못 했다.

승패를 따지자면 KO패다. 일본은 늘 관광수지 적자였다. 세련되고 매력적인 콘텐츠를 가지고 있음에도 고물가와 언어 장벽이 문제였다. 일본 당국은 이를 당연하게 생각해 왔다. 한국 관광산업이 욱일승천할 때 일본은 늘 한국에 밀렸다. 양국 방문 외국인 숫자는 언제나 한국이 절대적인 우위였다.

그런데 아베 정부 때 작심을 하고 '한국한테 밀려야 되겠느냐'면서 온갖 관광산업 진흥책을 내놨고 실천했다. 호텔 수를 늘렸다. 외국인 관광객 인센티브를 늘렸다. 중앙정부와 지자체들이 관광업을 통한 경제 부흥을 실천했다.

위 숫자가 그 결과다. 2015년 양국 방문객 수가 역전된 이래 한일 교류 경색과 코로나 정국 따위를 거쳤다. 그리고 정신을 차려보니 2023년에 저런 소름 끼치는 역전극이 나왔다. 코로나 때 일본이 에도시대보다 더 쇄국한다고 온 세계가 비난하지 않았던가. 나라 문을 열고 보니 그 사이에 이런 결과가 나와 있는 게 아닌가.

왜 한 나라는 작심하고 거국일치로 식산흥국했는데 한 나라는 이 핑계 저 핑계 대면서 그나마 잘나가던 산업을 이따위로 버려놨는가. 대한민국은 기존에 쌓아놓은 곡식만 갉아먹다가 텅 빈 창고 열쇠만 쥐게 되었다.

관광업계와 당국이 옛 영화에 취해 있는 사이에 한류가 왕성하게 세계로 퍼져나가며 그 팬들을 불러들인다. 하지만 한류가 짊어진 짐은 무겁다. 한국 사람조차 질겁하는 바가지와 불친절은 언제 한국 관광을 추락시킬지 모른다. 한류가 시들게 되면 글로벌 시장에서 완전히 밀려버릴 한국이 보인다.

   고바야시 회장은 덕담을 던졌다. 한국 관광업계와 관광정책기관에겐 대오각성하라는 토르의 망치다.

> 예시문 2

토정비결과 공무원 이지함

　요즘은 매력이 많이 사라졌지만, 양력이든 음력이든 해마다 설 무렵이면 길거리에 나타나는 책이 있다. '토정비결'이다. 짧은 글로 한 해 운세에 대해 힌트를 얻고 위안을 삼거나 경계를 하라는 책이다. 이 토정비결 저자로 알려진 사람은 토정 이지함이라는 선비. 사람들은 무명씨가 무명씨를 이어 써 내려간 도참서적보다 '선비 이지함'이라는 저자가 있는 서적에 더 큰 신뢰를 준다. 하지만 각종 도참서가 그러하듯 이지함이 토정비결 저자라는 확정적인 증거는 없다.

　이지함은 임진왜란 전인 명종과 선조 때 인물이다. 그리고 '토정비결'과 달리 냉정하고 실천적인 행정가였다. 절친한 벗 가운데 안명세라는 사관(史官)이 있었다. 그 안명세가 명종 때 당쟁에 휘말려 처형당하자 이지함은 세상을 등지고 초야에 묻혔다. 그러다 1573년 나이 쉰일곱에 포천현감으로 첫 관직을 얻었다. 이어서 1578년 아산현감을 두 번째 관직으로 일하다가 죽었다. 재직 기간은 불과 두 달이었다.

그때 친구인 율곡 이이가 선조에게 올린 상소 시리즈가 있었다. '나라가 마치 오래 손보지 않은 1만 칸 큰 집처럼 옆으로 기울고 위로 빗물이 새고 대들보와 서까래는 좀이 먹고 썩어서 구차하게 아침저녁을 넘기고 있는 것 같다.'(이이, '옥당진시폐소', 1569) '200년 동안 저축해 온 나라가 지금 2년 먹을 양식도 없다. 나라가 나라가 아니다.'(이이, '진시폐소', 1582) '지금 나라는 1년도 지탱하지 못한다.'(1583년 2월 15일 '선조실록')

1569년에 엉망진창이라고 했던 그 나라가 1583년에는 비축된 국고가 1년 치도 안되는 황당한 나라로 변해 있었다. 그런 상소를 하는 친구 율곡에게 토정은 "나는 할 일이 많아서 성리학 공부를 하지 못한다"고 말했다. 경전 공부 대신에 구체적이고 실효적인 방법으로 백성을 구하겠다는 것이다.

이지함은 '서울에 있는 창고는 한계가 있고 궁핍한 고을의 요청은 무궁하다'고 했다. '가난 구제는 나라도 못 한다'는 말은 틀렸고, 공무원이 백성이 스스로 가난을 탈출할 수 있도록 해줘야 한다는 것이다. 이를 위해 이지함은 두 가지를 실천했다.

첫째 부패 척결이다. 1578년 충청도 아산현감으로 부임한 이지함은 원망의 대상이던 양어장을 메꿔버렸다. 주민을 위해 주민이 만든 양어장이 관청 상납용 잉어 기르는 데 쓰인 것이다. 부패를 일소한 뒤 그가 벌인 작업이 '공짜 복지' 철폐와 지속 가능한 복지였다.

마침 역병이 팔도에 돌아서 아산에도 거지들이 들끓었다. 이지함은 관아에 '걸인청(乞人廳)'을 만들었다. 단순하게 죽이나 쌀을 내주는 기관이 아니었다. 능력에 따라 단순노동을 시키고 그 대가로 옷감을 지급

하는 기관이었다. 세상에 공짜는 없고, 먹거나 입으려면 노동을 해야 한다는 지극히 당연한 상식에 따라 만든 기관이다. 훗날 정약용에 따르면 '두 달 만에 아산 주민 먹고 입을 것이 해결됐다.'

'임금이 덕을 쌓고 은혜를 베풀면 백성이 행복해진다' 따위 탁상공론이나 공허한 윤리가 아니었다. 구체적이고 실효적이며 현실적인 행정을 통해 이지함은 지역사회 경제를 회복시켰다. 그가 썼다고 알려진 토정비결과 달리 현실적 실천과 현실적 분석으로 공동체를 경영했다.

그게 500년 전인 16세기 조선에서 지방직 공무원 이지함이 한 일이다. 21세기 공화국 대한민국은 어떤가. 국부(國富)는 대한민국 시민사회를 지탱시킬 만큼 튼튼한가. 혹시 500년 전 이율곡이 지적했듯 '나라 꼬라지가 나라가 아니게' 나라가 굴러오지는 않았을까. 혹시 그 국부를 시드머니로 삼지 않고 원금을 야금야금 갉아 지역 주민들에게 선심을 쓰는 지방관은 없는가. 말로 치국(治國)을 하고 나랏돈을 자기 돈인 양 써버리고 그걸 부패로 생각하지 않고 당연한 권한이라고 생각하는 그런 공무원은 없을까. 계묘년 설에 떠오른 토정 이지함 이야기였다.

칼럼의 전술

1. 짧은 문장

문장들은 짧아야 한다. 그래야 속도감과 리듬이 생긴다. 짧은 문장들을 미리 설계한 프레임 속에 배치하면 끊임없이 독자에게 공격이 들어간다. 긴 문장은 공격력 강화에 해롭다. 짧아야 힘이 있고 리드미컬한 공격이 가능하다. 문장이 복잡하지 않으니 문법이 틀릴 확률이 줄어든다. 독서에 속도감이 생긴다. 읽기 거북한 비문(非文)이나 오탈자 없는 속도감. 이게 칼럼이 가진 공격력을 상승시킨다.

2. 취재: 팩트의 힘

주장만으로는 절대로 힘 있는 칼럼을 만들 수 없다. 강한 주장일수록 팩트로 근거를 대야 한다. 칼럼에서 팩트는 설득 수단이 아니라 공격 무기다. 논문처럼 조리 있는 팩트 나열이 아니다. 짧게 강하게 배치해야 한다. 허술한 주장 대신 검증된 팩트가 가득해야 설득력을 갖는다. 거꾸로, 주장이 허술해도 팩트가 가득하면 기이하게도 주장이 빛을 발한다. 칼럼니스트들이 가끔씩 쓰는 기술이기도 하다. 노골적인 주장을 일부러 숨기고 팩트로 말해버리는 그런 기술.

3. 함정: 공허한 도덕책

수필과 기행문처럼, 칼럼을 처음 대하는 필자라면 100% 빠지는 함정이다. 칼럼은 감상문이 아니다. 점잖은 문장으로 독자를 훈계해 보라. 감탄하지 않고 떠난다. 본인이 멋지다고 생각한 문장이 실제로 독자에게는 공허한 경우가 많다. 칼럼은 매워야 한다. 독자들이 막연하게 느끼고 있는 사회적 모순 혹은 문제를 필자가 대신 제기하고 칼로 난자해야 한다. 매운맛이 빠지면 칼럼이 아니다.

4. 전략적 설계: 미끼에서 송곳으로

제목은 눈을 끌어야 한다. 단순하지만 직설적이고, 말맛이 살아 있는 제목이 필요하다. 그리고 핵심은 마지막 문장에 있다. 끝 문장은 독자 가슴을 서늘하게 만들어야 한다. 이런 문장 하나만으로도 독자는 뒷목을 잡는다. 칼럼은 그 '한 문장'을 위해 존재한다. 독자는 그 '매운 문장' 하나 때문에 칼럼을 읽는다. 좋은 칼럼은 단 하나의 강력한 문장을 만들기 위한 설계다. 문장을 짧게 끊고, 리듬을 살리고, 마지막 한 줄로 독자를 찔러야 한다. 낚아서(제목), 팩트로 이끌고(중간), 격하게 찌른다(끝).

예시문 분석 1
고바야시 켄은 정말 덕담을 했는가

고바야시 켄이 던진 '덕담'이 사실은 덕담이 아니라 심각한 말이라는 사실을 캐치해서 쓴 경고장이다. 일단 기술적으로 문장들이 짧다. 단문 위주다. 그리고 통계를 내세워 설득력을 확보했다. 그런데 후반부로 갈수록 덕담에 숨은 비극적 상황을 서서히 증폭시켜 보여준다. 이런 팩트 더미들이 누적되면서 '통쾌한 한 문장'으로 향해간다. 마지막 문장은 '망치'처럼 내리친다.

'왜 한 나라는 작심하고 거국일치로 식산흥국했는데 한 나라는 이따위로 산업을 버려놨는가.'
'한국 관광업계와 당국이 옛 영화에 취해 있는 사이에, 일본은 부활했다.'
'대한민국은 곡식만 갉아먹다가 텅 빈 창고 열쇠만 쥐게 되었다.'

이 같은 주장을 뒷받침해주는 '팩트'들이 칼럼 중앙에 버티고 있기 때문에 주장이 설득력을 갖고 독자들에게 전달된다.

> **포인트: 통증**. 독자가 무심코 넘길 수 있는 팩트로 독자를 아프게 한다. 통계를 되씹어보고 의미를 전복시켜서 현실의 민낯을 드러낸다.
> **핵심 무기: 팩트 쌓아올리기**. 단문 위주 구성으로 리듬을 살리고 수치 기반 팩트를 차곡차곡 쌓아 주장을 압박한다. 마지막 문장에서 송곳처럼 일갈한다.
> **전략: 일상에서 폭로로**. 도입은 '일상적 덕담'처럼 시작하지만, 통계 분석과 역사적 맥락을 통해 위기를 폭로한다. 방심하는 독자들을 맵고 짧은 문장들로 흔든 뒤 경각심을 유도하는 '정신이 번쩍 드는 마무리'.

예시문 분석 2

이지함이 대한민국을 봤다면

　이 글은 계묘년인 2023년을 맞아 당시 대한민국 상황을 총체적으로 짚어본 칼럼이다. 흔한 시사 칼럼과 다르게 역사 속 인물을 소환해 현대 상황을 점검했다. 잘못 쓴 칼럼은 '~해야 한다'는 식으로 결론을 내린다. 당위를 앞세우고 당위로 끝난다. 기성 칼럼니스트들이 쓴 칼럼 가운데에도 그런 글들이 보인다. 이 또한 힘이 없는 칼럼이다. 이 글은 2023년 대한민국 공무원이 해야 할 당위를 16세기 공무원이 했던 실체적 사례에 빗대서 말했다. 아니, 하지 않은 일들을 폭로했다.

　'그는 말로 치국하지 않았다. 말이 아니라 쌀과 장으로 민심을 다스렸다.'
　'공짜 복지는 없다. 노동의 대가로 주는 것이 진짜 복지다.'
　'500년 전부터 나라 꼬라지가 나라가 아니게 굴러오지는 않았을까.'

　토정 이지함 시대 공무원상과 시대상을 제시하면서 2023년 시점 대한민국을 은근히 비판하는 팩트들이다. 그리고 마지막 문장을 통해 2023년 1월 당시 상황에 대한 판단을 독자 스스로에게 맡기고 끝을 낸다. 얼핏 보면 '칼럼의 전술'에 제시된 '마지막은 송곳' 전술에 어긋나 보인다. 하지만 독자들은 그 맨 끝 문장까지 본문에 나와 있는 역사적 사실들을 읽으며 무수히 송곳에 찔려 있는 상태다. 그로기에 빠진 독자들에게 대한민국 꼬라지가 옛날이나 똑같다는 노골적인 주장을 숨기는 문장이다.

> **포인트:** **도덕 강의가 아닌 현실 통찰**. 과거 인물의 실천과 지금의 무능을 대비시켜 독자에게 스스로 판단하게 만든다.
>
> **핵심 무기:** **구체적 팩트**. 이지함이라는 역사적 사례에 구체적 행정 기록을 결합해 설득력을 높인다. 화려한 문장이 아닌 실질적인 디테일 중심.
>
> **전략:** **숨은 칼 내밀기 작전**. 단순한 역사적 회고가 아니라 역사를 현대 공무원 윤리와 경제 현실에 직결되도록 배치했다. 결말은 직접 찌르지 않지만 본문에 송곳이 숨어 있어 독자가 읽는 내내 느끼게 설계돼 있다. 말하지 않고 '생각하게 하는 칼럼'이다.

정리: 매운 칼럼은

핵심 메시지	짧고 매워야 한다. 매워야 독자가 움직인다.
주된 무기	압축된 주장 / 설득력 있는 팩트 / 단문 중심 문장
실전 전략	① 기억에 남을 한 문장 설계 ② 리드미컬한 단문 구성 ③ 제목은 미끼, 마지막은 송곳처럼

금기사항	① 팩트 없는 주장 ② 예쁜 문장
이 장르의 착각	지식 자랑
마지막 장면	독자 속을 뒤집기

실습: 고추장을 발라보자

칼럼은 짧지만 매워야 한다. 짧은 글로 독자의 마음을 움직이고, 짧은 문장 하나로 세상을 찔러야 한다. 단문으로 핵심을 압축하고 울림 있는 마지막 문장을 만들어보자.

예시 주제 1: 마침표를 늘려보자

짧은 문장 연습이다. 지금 당신 컴퓨터에 있는 글들 가운데 마음에 드는 글을 꺼내보자. 그 글에 마침표가 몇 개 있는지 계산해 둔 뒤 그 마침표를 최대한 늘려본다. 긴 문장을 토막 내고, 토막이 나지 않으면 다시 쓰고, 필요 없는 문장은 삭제해서 마침표를 늘려라. 한계에 도달할 때까지 마침표를 늘려라. 그리고 원래 글과 마지막 글을 비교하면서 소리 내서 읽어보라.

예시 주제 2: 마치 운문처럼

사회 이슈를 하나 골라서 '세 문장'으로 글을 써보라. 단문, 강한 주장, 맵고 통쾌한 마무리가 핵심이다. 이렇게 완성된 뼈대 주위에 살을 붙이면 강력한 칼럼이 탄생한다. 예컨대:

'**재건축조합과 공공의 갈등**': 공공임대 아파트가 미관을 해친다는 이유로 배제됐다. 미관을 해치는 건 아파트가 아니라 사람을 차별하는 마음이다. 부끄러운 건 철근이 아니라 인간성이다.

예시 주제 3: 매운 고추장

사회 이슈 가운데 하나를 골라서 매운 한 문장을 써보라. 마치 표어나 구호처럼 맵고 통쾌한 문장을 궁리한다. 이게 칼럼이 벼르던 마지막 펀치다. 예컨대:

'**대기업의 청년 인턴 구조**': 대한민국에 미안해야 할 사람은 청년이 아니라 어른들이다.

'**서울 광화문광장 논란**': 그 광장에 깔린 건 예산이 아니라 착각이다.

요점 정리

1. 칼럼은 짧고 매워야 한다.
2. 매워야 눈물 나고 화가 나고 정신이 든다.
3. 강력하고 짧은 문장으로 심장을 찌른다.
4. 팩트로 힘을 집중한다.
5. 마지막 문장은 송곳처럼 날카롭게 쓴다.
6. 정신없게 휘몰아치며 독자를 끌고 가라.
7. 칼을 휘두르듯 찌르고 베며 밀어붙여라.
8. 팩트는 설득 수단이 아니라 공격 무기다.
9. 칼럼은 논증이 아니라 폭로다.

9장

나는 네가
지난 여름에 한 일을 알고 있다,
인터뷰

　인터뷰 글쓰기는 단순한 대화 기록이 아니다. 질문은 인터뷰이 삶에서 '스토리'를 끌어내는 도구다. 즉석에서 던진 질문, 이에 대해 반응하는 이력을 나열한다고 글이 되지 않는다. 잘 기획된 질문이 확정된 순서를 따라 흐를 때 비로소 스토리가 된다. 인터뷰 요점은 말을 시키는 기술이 아니다. 이야기를 설계하는 기술이 인터뷰다. 질문 하나가 감춰진 인생을 열어주면 열린 그 문에서 다른 질문으로 가는 길이 열린다. 훌륭한 인터뷰 글은 대화의 조각이 아니라 인생의 구조다.

　인터뷰에 대한 핵심은 다음과 같다. 이를 염두에 두고 예시문을 살펴보자.

핵심 정리

포인트: 인터뷰 글은 질문으로 만든 전기(傳記)다. 단순 기록이 아니라 한 인생을 구조화한 글이다.

핵심 무기: 기획된 질문, 해설과 재배열, 육성.

전략: 질문과 답을 정리해 새로운 구조를 만들어라. 글 흐름은 질문 순이 아니니다.

예시문

그가 국립현충원을 찾은 이유
- 원자력의 아버지 이창건

    대한민국 원자력의 아버지 이창건 박사를 만났다. 1929년생이다. 식민시대에서 해방, 근대화 시기와 21세기를 살아낸, 역사다. 평안도 선천에서 내려와 배재고와 서울공대 전기공학과, 미군 특수부대인 켈로(KLO)부대에 근무한 뒤 평생을 원자력 개발에 바쳤다. 구십을 넘긴 전 원자력학회장, 현 원자력문화진흥원장은 겸손했다. 대화는 활기찼고 유머가 넘쳤다. 딱 두 차례 이 역사를 품은 과학자가 정색을 했다. 이승만을 이야기할 때, 그리고 후쿠시마 처리수를 이야기할 때.

켈로부대의 추억

    - 어떻게 현충일 기념식 때 한동훈 법무부장관한테 쪽지를 줄 생각을 하셨죠?

    "내가 켈로부대원 자격으로 청와대에 갔었어. 사열을 받는데 가슴이 뭉클했어. 그런데 군악대 밴드 소리가 우리 대원들 울부짖는 소리처럼 들려. 한용운의 '님의 침묵'이 생각나더라고. 님이 73년 동안 침묵을 지키고 있다가 이제야 나타나 가지고 '너 안다'고…. 북한에 가서 희생당한 우리 대원들 덕분에 내가 대통령한테 밥 얻어먹고 장관 옆에 앉은 거 아니오. 막 가슴 뭉클했지."

- 켈로부대 입소한 이유는요?

"고향 선배가 있었어. 우리가 존경하는. 그런데 그 형 하숙집에 가면 이 사람이 막 뭘 감춰. 서울대에서 석산가 박산가 학위하던 형이야. 6·25 직전에 우리가 갔지, 저 형이면 이게 뭔지 알 거다 싶어서. 그랬더니 형이 하는 말이, 자기가 학비 벌려고 북한, 중국, 러시아, 일본 문서 번역 일을 한대. 그러면서 우리더러 전쟁 나면 뭐 할 거내. 그 형이라면 우리가 껌벅 죽어. 그래서 전쟁 터지고 대구까지 찾아가서 입대했지."

- 임무가 뭐였나요?

"주 임무는 기획장교였어. 대원들을 북한에 침투시키는. 그런데 휴전 직전에 대원들을 침투시켰는데 못 돌아왔어. 그게 가슴 아파. 집에서 샤워할 때 물줄기 소리가 개들 울음소리처럼 들려. 통역도 했지. 아이젠하워 대통령이 방한했는데, 한국에서 영어 제일 잘하는 미국 사람 언더우드가 국회 연설을 통역했어. 그런데 이러는 거야. '북한 부대가 서울을 점령해서서 남한을 정복하시려고 할 때.' 높은 사람 왔다고 몽땅 존댓말을 써. 이래서 안 되겠다 해서 우리가 통역을 맡았지."

켈로(KLO)부대는 미군이 운영을 맡은 대북 첩보 및 공작 부대였다. 전후 켈로부대는 국군으로 상당수 흡수됐지만 그 실체를 미국도 한국도 인정하지 않았다. 이창건은 지난 현충일 대한민국 건국 이래 처음으로 켈로부대원으로 기념식에 공식참석해 옆자리에 있는 법무부장관 한동훈에게 감사 메모를 남겼다.

창고에서 시작된 원자력

- 왜 군에 남지 않았습니까?

"소령 줬으면 모르겠는데 나더러 대위 주겠대. 뭐 별로…. 그래서 그냥 복학했어. 졸업이 중요하니까. 그런데 공부는 영 못했어. 입학하자마자 전쟁 나고 대전, 부산에서 그냥 막 학교 다녔으니까. 누가 시험 있다고 해서 가보면 나는 아는 게 하나도 없어. 그래서 나는, 현역 장교니까, 권총 꺼내서 답안지에 그려놓고 '난 배운 거 없습니다'라고 썼어. 몽땅 D야. 등록금이 너무 밀려서 돈 마련하느라 겨우 졸업했어."

- '원자력 스터디 그룹'은 어떻게 들어가게 되셨나요?

"현경호라고 우리 2년 선배가 계셨어. 전쟁 때 공군에 있었는데 서울공대, 문리대 우수 인력을 공군이 싹 끌어갔었어. 전쟁 끝나고 이 형을 길에서 만났어. 나더러 이래. '요새 뭐 하나?' 일자리 찾는 중이라고 했더니 '자네 공부 좀 할래?' 이래. 그러면서 언제까지 중앙청 옆 문교부 창고로 오라는 거야. 가봤더니 이미 (서울대 교수 출신 문교부 원자력과장) 윤세원 선생이랑 스터디 패거리를 만들어놨더라고. 그게 원자력 스터디 그룹이야. 경호 형이 공군 있을 때 미군이랑 원자력 세미나를 했었대. '원자력공학 입문'이라는 책이랑 '연구용 원자로'라는 책으로."

현경호는 훗날 원자력학회장까지 지냈다.

- 전기공학 전공인데 낯설지 않았습니까.

"사람이 12명인데 책이 한 권밖에 없잖아. 이걸 복사해야지? 그런데 다 내 선배들이야. 그래서 내가 해보겠다고 했지. 이걸 그냥~"

이창건은 기관총 소리를 내며 엄청난 속도로 타자를 쳤다고 했다. 다들 "다음부터 자네가 다 맡아!" 하더라고 했다.

"다들 장교였으니까 부하들 시킨 거지. 나는 특수부대라 혼자 다 했거든. 영어도 그래. 밤에 북한에 침투한 대원들이 전문 보내는 거 기다리면서 영어책을 50권 읽었어. 그 실력으로 보고서를 쓰니까 또 나한테 다 시켜. 스터디 그룹 할 때도 경무대에서 오는 서류들 다 내가 맡아서 했어. 그걸 몽땅 으다다다 하고 타자 쳐서, 하하하."

- 군에 남았거나 길에서 선배 안 만났으면 큰일 날 뻔했네요.

"무슨 큰일 날 소리. 내 선배들이 전부 다 나보다 우수한 사람들이에요. 우리 원자력 1세대는 한국에서 뛰어난 사람들이었다고. 우리가 그걸 스터디 그룹이라고 그러는데 그 좌장이 윤세원 선생이에요. 스터디 세미나 끝나면 막 이래. '우리도 원자력법을 만들어야 되지 않겠어?' 그러면서 미국 거, 영국 거, 일본 거 갖다 던져주고 작업하래. 또 '장기 계획을 세워야 되지 않겠어?', '인력 양성은?' 윤 선생이 다 준비한 거야."

이창건이 말한 원자력 스터디 그룹 12명이 훗날 원자력연구소 창립 멤버가 됐다. 검게 물들인 군복을 입고 관공서 창고에서 시작한 자발적 연구 집단이 대한민국 원자력의 아버지가 된 것이다. 윤세원은 원자력연구소 만들려고 이리저리 다니느라 빚을 져서 집까지 팔았다.

배고팠던 식민시대, 그러나

이창건은 고향이 평안도 선천이다. 6·25 전에 가족이 월남해 서울 상도동에 살면서 이건창은 배재고등학교, 서울공대를 다녔다.

- 식민지 기억은 어떠십니까.

"배고팠어. 내 키가 작잖아? 누님 셋은 커요. 나랑 아래 두 동생은 작아. 성장기 때 못 먹었어. 일본 친구들은 친했었어. 선천에서 우리 반에 일진이 있었어. 전학 오면 무조건 패는 전통이 있었지. 후쿠로 다다키라 그러던가? 일본 애 하나가 전학 왔는데 자기가 유도 1단이라면서 안 맞겠다네? 이게 싸움이 돼서 경찰이 왔어. 그런데 우리를 사상범이라고 붙잡아 가는 거야. 어느 날 우리가 방공호를 파고 있는데 천황이 항복했대. 일본 애들이 다 도망갔어. 그러니까 애들이 그 유도 1단 죽이겠다고 작전을 짜는 거야. 그랬더니 우리가 정말 존경하는 김영철 선생님이 와서는 딱 한 마디 낮은 소리로 이래. '넘어진 자는 밟는 거 아니야.' 그 선생님 한국말 하는 거 처음 들었어. 애들이 다 쫄아서 도망갔어."

그러더니 이창건은 한참 침묵하더니 눈물을 흘렸다.

"그 김영철 선생님이, 러시아군한테 잡혀서, 시베리아에서…."

- 집안도 고생하셨습니까.

"우리 아버지가 한때 상해 임정에서 일했어. 일본이라면 이를 갈았어. 전쟁 때 파편 맞아서 반신불수가 됐는데, 악화가 되니까 링겔을 맞아야 했어. 그런데 링겔 바늘이 일제야. 바로 뽑아버리셨어. 그러고 돌아가셨다."

- 일본이 미우시겠네요.

"그렇지 않아. 그때 그런 거 어떡하라고. 글로벌하게 살아야 살아지는 건데 지금 반일(反日)해서 어떻게 살자는 거지? 과거는 묻지 말자고. 이제부터 최선을 다하면 되는 거야."

켈로부대 맷집으로 버틴 원자력

'싸고 품질 좋은 전기'는 산업 발전의 근본이다. 이창건에 따르면 1년 중 정전 시간이 한국은 14분, 일본은 35분, 미국은 98분이다. 무엇보다 전기값이 물값의 70%다. 싸다. 이창건은 이게 다 원자력이 있어서 가능하다고 딱 부러지게 말했다.

– 1978년에 고리 1호기 발전소를 처음 만드셨잖아요?

"부지를 내가 선정했지. 그런데 답사 다니다가 동해안에서 해병대한테 걸렸어. 원자력연구소 출장증명서랑 신분증 보여줬는데도 부대로 끌고 가. 내가 아직도 평안도 사투리를 쓰잖아? 엄청 맞았어, 간첩이라고. 그렇게 경찰이랑 군인한테 네 번 맞았어. 그런데 내가 누구야? 켈로부대 장교야. 맷집으로 버틴 거지. 지금도 앞니랑 코가 내려앉아 있긴 해."

– 고리 1호기가 가동될 때까지 별일 다 있었겠습니다.

"문교부에 원자력과가 생겼어. 1956년이야. 전쟁 끝나고 3년 뒤야. 그때 워커 시슬러라고, 미국 대통령 과학고문이 왔어. 이승만 대통령께서 '8군에 시슬러라는 분이 오셨다지? 한번 경무대 오라고 그래' 했어. 오니까 '여보, 전기가 없어서 죽겠는데 무슨 묘안이 없겠어?' 그러니까 시슬러가 석탄이 든 나무 상자를 꺼내더래. '이건 석탄이고, 이 막대기는 우라늄이오. 이것이 타면 큰 오일 탱커 하나, 화차 30량 석탄에서 나오는 에너지만큼 전기가 나는 묘책이 있는데 한국에서 할 수 있겠어요?' 했다지. 그러니까, 장사꾼 시슬러가 정치가를 가지고 논 거예요. 이승만이 '여보 살려주세요, 그럼 그걸 어떻게 하는 거요?' 한 거야. 시슬러가 이랬어. '석탄은 땅에서 캐내는 자원 에너지라 유한하다. 그러나 이것은 두뇌에서 개발하는 기술 에너지요. 캐면 캘수록 더 농도가 짙은 고급 에너지가 나온다. 내 보기에 한국 사람 머리가 좋으니까…' 자꾸 꼬신단 말이야? 그랬더니 이승만이 물었어. '그러니까 언제쯤 원자력 전기는 볼 수 있겠어?' '글쎄요, 한 20년 후?'"

이후 이승만 정부는 국민소득 100불일 때 1인당 국비로 훈련비 6,000불씩 지출해 가며 미국으로 전문가 유학을 보냈다. 모두 238명이었다. 이창건도 그중 하나였다.

이승만 박정희 김대중

갑자기 이창건이 정색하며 말을 이었다. "그때 이승만이 82살이거든? 82살 때 20년 후를 위해서 우리를 훈련시켰어. 그 영감은 자기 당대에 덕 보려고 그런 거 아니야. 그러니까 애국자예요. 그래서 2009년 말에 UAE에 원자로 수출했을 때 내가 국립묘지에 아들 데리고 갔잖아. 이승만 묘소 앞에서 이렇게 보고했다. "할아버지, 그때 저희들 10년 동안에 238명을 훈련시킨 결과니까 하늘나라에서 기뻐하십시오. 20년 후에 된다고 그랬는데 꼭 20년 만에 고리에서 원자력 발전이 나왔습니다."

그리고 박정희 대통령 묘에 갔어. "각하, 우리가 중동 사막에 무궁화 나무 4그루(원자로 4기)를 심었습니다. 신고합니다." 그랬다고.

그 밑에 가면 김대중 대통령이 있어요. 그때 원전을 도저히 할 수가 없었어. 당에서 물고 늘어지니까. 근데 목포에서 김 대통령이 그랬어. '원자력을 안 할 수 없어, 부득이해.' 그 얘기 한마디 때문에 원자력을 할 수 있었잖아요. 그러니까 우리는 이런 훌륭한 지도자가 있었기 때문에 원자력이 지금 세계적으로 되고 있고 또 수출까지 했다고요."

금 선생이 똥 선생으로

"1961년 미국에 출장 중이었는데 경제사절단이 왔어. 단장이 고향 선배인 재무부차관 이한빈이었다. 갑자기 내 방으로 오더니 "서울을 빨갱이들이 뒤집은 모양이다, 망명 준비하자"고 하더라. 그런데 몇 시간 뒤에 "그게 아니라 혁명이란다"면서 가방을 풀었다. 5·16이야. 이후에도 원자력은 변함없이 추진됐지."

1959년 이승만이 도입한 연구용 원자로 트리가 마크2는 박정희 때인 1962년 가동됐다. 이창건은 "이승만 때 황무지를 개간해서 씨를 심고 박정희가 물을 뿌려서 열매를 맺게 했으며 이후 이를 강력히 밀고 나갔다"고 했다.

"원자력연구소 월급은 다른 부서 3배였다. 그래서 우리처럼 어수룩한 사람도 자랑스럽게 훈련을 받았지. 그래서 사람들이 우리더러 '금(金) 선생'이랬어. 몸무게만큼 금값 받는다고. 그런데 그 금 선생을 말이야, X 선생이 똥 선생으로 만들었거든? 나는 떠났지만 우리 후배들, 최소한 동(銅) 선생 대접은 받아야지. 기자 양반, 이거 제목으로 꼭 써주소."

인터뷰 글쓰기 전술

왜 어떤 인물은 인물 스토리로 쓰고 어떤 인물은 인터뷰 포맷으로 쓰는가. 이 질문에 필자가 먼저 대답해야 한다. 우물쭈물거리고 자문자답을 못 한다면 인터뷰 글은 실패다. 왜 인터뷰 글쓰기인가.

우리는 때때로 말 한마디에 감동한다. 그 사람을 소개하는 게 아니라 그 사람 말을 듣고 그대로 전달할 때 감동을 받을 수 있다. 아니, '그-럴-때-가-있-다.' 취재 대상인 그 사람 입에서 나오는 그 육성을 독자에게 전해주고 싶을 때 인터뷰 형식을 택한다. 육성이 의미가 없다면 인물 스토리로 가야 한다.

또 그런데. 인터뷰를 마쳤다고 치자. 질문하는 사람은 의심과 궁금증이 해소됐다. 그는 맥락을 이해하면서 듣고 있다. 독자는? 글 쓰는 사람들이 쉽게 빠지는 실수가 여기에 있다. 자기가 이해하고 쓴 글을 독자도 '당연히' 이해하리라는 착각 말이다. 정말 착각이다. 육성이 가지는 맛은 이해 여부와 상관없다. 말 그대로 육성이니까. 그래서 필자는 육성으로 전달된 느낌과 팩트를 본인이 이해한 맥락에 맞게 다시 풀어줘야 한다. 그래야 독자가 이해하고 감동한다.

인터뷰는 이야기가 아니라 '육성'을 담는 장르다. 그 사람이 보여준 말투, 멈칫거림, 웃음, 침묵, 그리고 애써 꺼낸 한 마디 기타 등등 그 육성이 가진 '결'을 성공적으로 글로 전달하면 독자는 감정이입한다. 그러기 위해서 다음과 같은 전술이 필요하다.

1. 준비된 질문과 스토리 구성

설계된 질문을 던져라. 그 사람이 살아온 삶에서 핵심적 '갈등'과 '선택'의 순간을 포착해야 한다. 방송도 마찬가지다. 생방송이 아닌 한, 작가가 녹화된 대담 혹은 인터뷰를 설계 속에 편집하고 배치한다. 그래야 스토리가 생성된다. 스토리를 예정한 질문이 필요하다. 따라서 질문에는 자료 수집이 필수적이다.

2. 나는 네가 지난 여름에 한 일을 알고 있다. 그런데 "왜?"

"무엇을 했는가?"라고 물으면 팩트를 얻을 수 있다. 그다음에 던져야 할 질문이 '왜'다. 좋은 인터뷰어는 인터뷰이가 한 일을 미리 알고 있다. 그래서 그에게 '이런 일 했지?'라고 묻지 '무슨 일을 했니?'라고 묻지 않는다. 우리 모두는 궁금하다. 도대체 왜? 왜? 독자는 사실보다 선택과 그 이유에 감동한다. 좋은 질문은 '왜'라는 방향을 향해 가야 한다. "그때 어떤 일을 하셨습니까?"보다 "왜 그 선택을 하셨습니까?"가 멋진 질문이다.

3. 대화를 팩트로 재배치한다

인터뷰 글은 녹취록이다. Q&A는 구성 재료일 뿐이다. 답변을 스토리 흐름에 맞춰 재배치하고, 때로는 질문 없이 인터뷰이가 한 말을 배경 설명처럼 서술할 필요가 있다. 그가 그 말을 했을 때, 그가 겪었던 주변 상황을 큰따옴표 밖에서 객관적으로 설명하고 해설해 주면 그 글은 리듬이 생기고 독자는 더 신뢰하게 된다. 이 부분은 다른 장르와 원칙이 동일하다. 서사를 만들 수 있도록, 독자들 관심과 흥미가 증폭될 수 있도록 대화를 정리해서 재배치한다.

4. 공간을 취재한다

가능하다면 그 사람을 만나는 장소는 그 사람 생활공간으로 정한다. 사무실에 붙은 낙서, 책상 위 상황, 현관에 벗어둔 신발, 연필 깎은 상태, 화분 유무, 청소 여부, 책장에 꽂힌 책들 기타 등등. 모든 사물에 그 사람 인생이 녹아 있다. 사람만 보지 말고 공간을 기록하라. 인터뷰랍시고 사람 입만 쳐다보고 돌아온다? 땡이다. 힘들여 묻지 않아도 저절로 알 수 있는 인생인데, 그걸 왜 하지 않는가. 특이한 사물이 눈에 들어오면 그 사물을 소재로 또 묻고 또 묻는다. 하나하나가 인생이 묻어 있는 글 소재다.

5. 함정: 녹취록과 신파

많은 인터뷰 글이 이 함정에 빠진다. 질문만 나열하고, 대답을 그대로 복사해서 정리한다. 그게 글인가? 녹취록이요 무질서한 보고서에 불과하다. 또 어떤 글은 "그는 떨리는 목소리로 말했다"를 남발하며 감정만 퍼붓는다.

정보 없는 감정은 신파다. 감정 없는 정보는 보고서다. 좋은 인터뷰는 그 사이 어딘가에 있다. 질문으로 정보를 캐고 캐낸 정보를 구조화해서 감정을 유도하라.

예시문 분석
서사로 변한 질문들

질문 하나가 시대의 서사를 연다: "왜 장관에게 쪽지를 줬습니까?"

이 글은 (인터뷰 당시) 94세 과학자 이창건 박사의 생애를 인터뷰로 구성한 글이다. 처음 질문은 단순하다. "현충일에 왜 장관에게 쪽지를 줬습니까?" 이 질문 하나로 시작된 인터뷰는 켈로부대, 침투작전, 전후의 혼란, 그리고 '한국 원자력의 시작'으로 이어진다.

답변은 단순한 회상이 아니다. 감정이 아니라 디테일이 핵심이다.

"휴전 직전에 대원들이 돌아오지 못한 게 가슴 아프다."

"동해안에서 원자로 부지 조사하다 해병대에게 간첩으로 오해받아 맞았다."

남들이 경험하지 못한 그 경험을 인터뷰이는 아무렇지도 않게 이야기한다. 자, 이런 팩트와 아팠던 이유와 자랑스러웠던 이유를 끌어내기 위해서, 이 글 필자는 어떤 준비를 했을까? 사전 취재다. 이창건이라는 인물, 그가 만들어온 대한민국 원자력 역사에 대해 사전 취재가 있었으니까 디테일을 끌어낼 수 있다.

그리고 그 디테일한 팩트를 글쓴이는 시간 순서대로 배치하고 곳곳에서 큰따옴표를 탈출해 해설을 붙였다. 그러니까 정제되지 않은 '육성'을 이 필자는 독자들에게 통역하는 역할을 했다.

다시 강조한다. 인터뷰글은 Q&A가 아니다. 녹취록도 아니다. 서사가 있는 스토리다.

정리: 그 여름 그들이 한 일을 알고 싶다면

핵심 메시지	인터뷰는 기술이 아니라 설계다. 질문은 도구가 아니라 구조다.
주된 무기	질문 / 해설 / 팩트의 구조적 배열
실전 전략	사전 조사 → 질문 설계 → 이야기화된 답변 배열 → 인터뷰 공간 활용
금기사항	질문 나열, Q&A 단순 정리, 감정 유도형 질문
이 장르의 착각	녹취록이라는 착각, 신파의 유혹
마지막 장면	제목에 버금가는 정리 멘트 혹은 문장

실습: 질문으로 글을 만든다

1. 질문을 설계해 보자

인터뷰 대상: 명퇴 후 재기한 50대 자영업자

과제: 이 상상 속 인물을 대상으로 핵심 질문 5개를 작성해 보자. 단순한 이력 나열이 아니라 '재기의 이유'와 '감정의 변화 과정'을 끌어내는 설계도가 필요하다. 자영업자들이 고난을 겪어야 했던 경제 상황에 대한 취재도 필요하다.

예시 질문:

"명퇴 당한 날 어디 가셨습니까."

"가족에게는 언제 얘기하셨나요?"

"재기하라고 누가 도와준 사람이 있었나요?"

"계속 간직하고 있는 물건이 있는지요."

"욕을 할 수 있다면 누구한테 하고 싶습니까."

2. 스토리를 설계해 보자

대화문: "퇴직을 숨긴 이유는 부끄러워서였다. 가족에게도 3개월간 말 못 했다."

과제: 이 문답을 중심으로 300자 내외의 스토리로 구성

추가 조건: 상상 속 인물을 그 자영업 공간에서 만났다고 가정하고, 공간에 있는 정보도 스토리에 섞는다. 큰따옴표 밖에서 해설을 해본다.

요점 정리

1. 인터뷰는 질문으로 만드는 전기다.
2. 질문은 상대의 삶에서 스토리를 끌어내는 도구다.
3. 핵심은 인터뷰를 설계하는 기술이다.
4. 질문과 답을 정리해 새로운 구조를 만들어라.
5. 훌륭한 인터뷰는 대화의 조각이 아니라 인생의 구조다.
6. 그 사람 입에서 나오는 육성을 생생하게 전하라.
7. 육성으로 들은 느낌과 팩트를 맥락에 맞게 풀어라.
8 그가 '무엇을' 했는지보다 '왜' 했는지에 집중하라.
9. 질문으로 정보를 캐내고 구조화해 감정을 유도하라.

10장

나는 브랜드다, 자기소개서

　자기소개서는 이력서가 아니다. 생애를 나열한 보고서가 아니라 '기억에 남을 장면'을 보여주는 글이다. 살아온 이력 가운데 선택 하나, 태도 하나, 장면 하나에 집중해 나를 보여주는 글이다. 어찌 보면 이 책에 나오는 모든 장르 가운데 가장 상업적인 글이다. 자기를 팔-수-있-는 장면에 집중한다.

　자기가 가진 장점을 전부 소개하겠다고 욕심내지 마라. 자기를 브랜드화할 수 있는 장면에 집중하고, 그 장면을 '조직에 합당한 인물 소개'로 연결시켜라.

　경험은 나열하지 말고 압축하라. 조직이 원하는 인재상을 파악한 뒤 그 이미지에 어울리는 구체적인 경험을 배치해야 한다. 문제는 설명이 아니라 설득이다. 무엇을 했는가도 중요하지만 더 중요한 사실은 '왜' 그렇게 했는가다. 왜에 집중하라.

> **핵심 정리**
> **포인트**: 선택과 집중. 이력서 쓰지 마라.
> **핵심 무기**: 브랜드 문장, 구조화된 서사.
> **전략**: 나열하지 말고 압축하라.

자기소개서의 전술

1. '나'보다 '이 조직': 목적을 분명히 하라

자기소개서는 '내 이야기'가 아니라 '이 조직에 적합한 나'를 증명하는 글이다. 냉정하게 말해서 조직은 개인사에 관심 없다. 그 개인이 조직원으로서 효율적이고 합당한 능력자인가를 알고 싶어 한다. 자기소개서에는 그 능력이 소개돼야 한다. 자랑이 아니라 조직 적합 여부가, 회고가 아니라 미래에 적용될 나를 소개해야 한다. 당신이 말하고 싶은 것은 궁금하지 않다. 조직이 당신에 대해 알고 싶은 사실을 설득적으로 써야 한다.

2. 장면의 구체화: 첫 문장은 장면이어야 한다

도덕책에 나오는 성격 묘사는 설득력이 없다. 예컨대 '저는 책임감이 강하고 성실한 사람입니다'라고 글이 시작했다? 아니, 책임감 없고 불성실하다고 쓸 사람이 어디 있는가. 자기가 책임감 있고 성실한 사람이라는 사실을 구체적으로 입증해야 입사 담당자를 흥분시킨다. 책임감과 성실성을 강조하고 싶다면 이렇게 써보라.

'복학 후 4학년 2학기 학회 마지막 준비회의 5분 전, 노트북이 다운됐다. 조용히 식은땀이 났다.'

장면에 팩트를 담고, 그 팩트를 극복하겠다는 의지, 그 의지를 실천하는 과정이 이어지면 담당자는 당신을 명쾌하게 이해하게 된다. 책임감, 성실성 따위 도덕적인 단어는 쓰지 않는다.

3. 브랜드 문장: 나를 팔아먹을 캐치프레이즈

자기를 한 문장으로 요약하는 '캐치프레이즈'를 만들자. 그 조직이 당신을 불합격시키면 손해를 본다고 느낄 당신의 브랜드를 홍보하는 문장이다. 이 또한 도덕적이고 보편적인 설명은 소용없다. 구체적으로, 무감정적으로. 예컨대:

'저는 실수에서 패턴을 찾는 사람입니다.'
'저는 감정을 설계하는 사람입니다.'

이 같은 구체적인 자기 객관화가 그 필자를 판단하는 데 도움이 된다. 자기를 브랜드화하는 이 캐치프레이즈 한 문장을 전체 글을 관통하는 중심축으로 삼아라.

4. 나열하지 않는다

언제나 설계를 통해 경험을 서사화하라. 그래야 읽는다. 15초짜리 TV광고도 많은 비용과 설계를 통해 만들어진다. 자기를 조직에 팔겠다는 자기소개서를 단순한 사실 나열로 채우는 일은 금물이다.

단순 나열: '대외활동을 했고, 공모전 수상도 했고, 인턴도 했다.'

효과적 서사 구성: 어떤 상황에서 어떤 문제가 발생했는가. 그 문제 상황에서 당신은 어떤 선택을 했는가. 그 결과 어떤 변화가 있었는가. 지금, 그 선택에 대해 본인은 어떻게 생각하는가. 이 네 가지 과정을 촘촘한 인과관계에 맞춰서 서술한다. 자기가 읽어서 '스토리'가 되도록 쓴다. 특히 '그 경험을 통해 본인이 느낀 반성 혹은 생각'은 대단히 중요하다. 조직은 이 자기 평가를 원한다. 예컨대:

① **상황**

'3학년 1학기, 저는 사회문제 해결형 콘텐츠 기획 공모전에 출전했습니다. 4명 팀을 꾸렸는데, 문제는 저희 모두가 처음 만나는 사이라는 점이었습니다. 전공도 다르고, 성격도 다른 팀이었기에 초반엔 아이디어 회의부터 삐걱거렸습니다.'

② **행동**

'회의가 지지부진해지자 저는 팀장 역할을 자청했습니다. "우선 각자 문제라고 느끼는 사회 현안을 3개씩 조사해 오자"고 제안했습니다. 이를 바탕으로 공통된 관심사였던 '청년 금융 문맹 문제'를 주제로 정리했습니다. 이후 각자 강점을 살린 역할 분담표를 만들고 온라인 협업 툴을 활용해 매일 체크리스트를 공유했습니다.'

③ 결과

'혼란스럽던 팀워크는 안정돼갔습니다. 기획안은 기한보다 3일 일찍 완성됐습니다. 발표 당일 저희 팀은 '가장 실행력 있는 전략'이라는 평가를 받고 우수상을 받았습니다. 이후 이 아이디어는 캠퍼스 내 홍보관에서 시범 운영됐고 SNS 캠페인은 1,000회 이상 공유됐습니다.'

④ 반성

'그 경험은 단순히 공모전을 넘어서 '조직은 사람의 조합'이라는 사실을 몸으로 배운 기회였습니다. 똑똑한 구성원이 모였다고 결과가 보장되지 않는다는 사실을 깨달았습니다. 이후 어떤 협업에서도 저는 먼저 틈을 메우는 사람이 되려 합니다.'

5. 거짓말 금지: 실패와 갈등도 자산이다

같은 맥락에서, 실패는 숨길 일이 아니다. 오히려 그 경험에서 무엇을 배웠는지를 보여줘야 한다. 실패 자백이 사실 핵심이다. '그때는 망했다. 지금은 다르게 한다.' 이 한 줄이 진짜다. 그 고백이 글 속에서 자기반성을 통한 '회복'과 '변화'로 이어지도록 서술하라. 단 거짓말은 하지 마라. 거짓말로 합격했다고 해서 기뻐할 일이 아니다. 장기적으로는 본인에게 손해다. 잘못해서 들통나면 그 인생 다 낭비하고 다시 시작해야 한다.

6. 지피지기 백전백승: 조직을 파악하라

자기소개서를 제출한 그 조직을 파악한 뒤 글을 준비하라. 조직이 원하는 인재상, 채용 공고 키워드, 홈페이지에 쓰인 사훈, 대표의 발언 등등. 그 조직이 자기네 조직에 대해 공개해 놓은 소개서를 자기소개서에 활용한다. 남발하면 아부다. 따라서 금지다. 그 가운데 핵심 키워드를 파악해 글 속에 녹인다. 예컨대:

'이 회사가 강조하는 협업과 민첩성은 제가 프로젝트 경험에서 가장 훈련된 지점입니다.'

이건 아부다. 대신 이렇게 쓴다.

'프로젝트를 수행하면서 협동과 결단력을 배웠습니다.'

협업을 협동으로, 민첩성을 결단력으로 '의도적으로' 바꿨다. 하지만 무슨 말인지 인사 담당자는 무의식적으로 알아차린다. 좋은 자기소개서가 가진 미덕은 설명이 아니라 설득이다. 그래서 '최선을 다하겠습니다'가 아니라 '이러저러하게 준비된 사람이니, 이 방식 그대로 하겠습니다'라는 다짐을 보여준다.

7. 함정: 과장과 은폐, 그리고 미문(美文)

예쁘게 쓸 생각하지 마라. 작가를 뽑는 조직이 아니다. 표현력이 떨어지더라도 진짜와 팩트를 써야 잘 쓴 자기소개서다. 문장은 예쁠 필요 없다. 단정적이고 짧은 문장, 구체적 단어를 써야 한다.

과장과 은폐도 자기소개에 도움이 되지 않는다. 실패와 고백을 쓰되, 그 실패에서 배운 실천적인 교훈으로 지금 조직 생활에 준비가 됐다고 증명해야 한다. 조직은 완벽한 사람보다 조직이 다듬어서 성장시킬 가능성이 있는 사람을 원한다.

예시문 분석

자기 자랑은 정확하고 구체적으로

아래는 여러 원칙을 챗 GPT에 제시해서 초안을 만든 뒤 필자가 의도적으로 첨삭한 모범 자기소개서와 불량 자기소개서 예제다.

① 모범 예시문 1: 기획 파트에 지원하는 대졸자 자기소개서(부분)

팀원들에게 사과하고 싶은 프로젝트가 하나 있다. 대학교 3학년, 첫 팀 프로젝트. 나는 팀장을 맡았다. 나는 모든 걸 '직접' 하려 했다. 초반에는 속도가 빨랐지만, 중반 이후 팀원들은 하나둘 입을 닫았다. 발표 전날, 자료가 4번이나 뒤집혔다. 한 친구는 결국 발표에서 빠졌다.

발표는 성공적이었다. 교수님은 우리에게 A+를 줬다. 하지만 나는 기뻐하지 못했다. 팀이 아니라 내가 혼자 만든 결과였기 때문이다.

그 이후로 나는 '조율'에 관심을 갖기 시작했다. 기획서를 쓰기 전 사람들부터 읽는다. 누가 어떤 스타일인지, 언제 대화를 끊는지, 무엇에 동의하고 침묵하는지를 본다.

그 옛날보다 훨씬 더 귀가 밝아졌다. 지금은 '좋은 팀장'보다 '말을 듣는 사람'이 되고 싶다.

: 앞에 제시했던 '실패의 고백'을 통한 조직 운영의 변화가 이 짧은 글에 나타나 있다. 이 단락 뒤에 '조율에 관심을 갖기 시작한 이후 조직에서 생긴 변화'를 서술하면 훌륭하다. 그다음에 귀가 더 밝아지고 팀장보다 말을 듣는 사람 이야기로 글을 맺으면 완성이다.

② **나쁜 예시문 1: 동일한 조건을 가진 대졸자 자기소개서**

저는 언제나 책임감이 강하고 성실한 사람입니다. 학창 시절부터 저는 맡은 일을 끝까지 해내는 책임감 있는 학생이었습니다. 고등학교 때는 반장을 맡았고, 대학교에 와서는 동아리 회장을 맡으며 다양한 사람들과 협업해 본 경험이 있습니다. 성실함은 저의 가장 큰 강점으로, 모든 일에 최선을 다합니다.

: 채용담당자가 읽겠는가? 자기 분석은 추상적이고 개념적이다. 장면에는 구체성이 없다. 기획 파트 지망생이 가져야 하고 본인이 가진 덕목이 연관성이 없다. 결론적으로, 아무도 기억하지 않는 글이다.

③ 모범 예시문 2: 영업직에 응시한 인문계 대졸자 자기소개서

사람에 대한 이해가 내 전략무기다. 무기 습득은 쉽지 않았다. 독일어 수업 첫 시간, 교수님은 독일 영화를 틀었다. 나는 자막을 보기보다 배우들의 눈을 먼저 봤다. 그때부터 '언어'보다 '사람'이 궁금해졌다.

전공은 독문학이지만, 나는 늘 '사람이 왜 그렇게 말하는가'를 고민했다. 그래서 '세일즈'를 선택했다. 말을 잘하는 사람이 아니라, '말 뒤의 감정'을 빨리 읽는 사람이 필요하다고 생각했기 때문이다.

편의점 아르바이트, 무역사무 인턴, 기업 박람회 아르바이트까지. 나는 언제나 사람을 응대하는 현장에 있었다. 어떤 고객은 조용히 화냈고, 어떤 고객은 나중에 웃으며 사과했다. 나는 '상황의 맥락'을 읽는 법을 배웠다.

학문을 통해 언어를 공부했다. 경험을 통해 사람을 연습했다. 어느새 타인에 대한 이해가 내 무기로 변했다. 그래서 지금 이 영업직에 지원한다. 고객을 설득하기보다 이해하는 영업이 더 효율적이라고 믿는다.

: 취업이 쉽지 않은 인문계 졸업생이 그 불리한 여건을 장점으로 바꿔놓은 소개서다. 영업직에 필요한 언어와 대인관찰, 대인설득력을 본인이 가지고 있다고 설득한다. 이 글에서 '사람 응대 현장에서 벌어진 상황'과 '상황의 맥락을 읽는 법'을 더 디테일하게 설명하면 완벽하다.

④ 나쁜 예시문 2: 동일한 조건을 가진 인문계 대졸자 자기소개서

저는 항상 성실하고 밝은 성격으로 주변 사람들과 잘 어울립니다. 저는 4년제 독어독문학과를 졸업했습니다. 다양한 아르바이트를 하며 사람들과 소통해 온 경험이 있습니다. 영업직은 밝은 에너지와 책임감이 중요하다고 생각합니다. 저 또한 맡은 일은 끝까지 책임지고 수행해 왔습니다. 저는 언제나 성실했고, 협업을 중시하는 사람입니다.

: 대개 응시생들이 작성하는 자기소개서는 모범 예시문보다 나쁜 예시문 쪽에 더 가깝다. 자기를 취재하지 않다 보니 뇌에서 나오는 추상적 단어만 나열하는 글들이 많다. 그러니 자기소개서가 아니라

바르게 살겠다고 다짐하는 선언문이 돼 버린다. 선언문치고 설득력이 있는 글은 드물다. 독문과라는 상대적 열세 혹은 불리함을 극복할 요소도 보이지 않는다. 결국 이 책 전체를 관통하는 대원칙은 여전히 적용돼야 한다는 뜻이다. 바로, 구-체-적-인-팩-트다.

정리: 내 브랜드는

핵심 메시지	자기소개서는 '사람'이 아니라 '장면'을 보여줘야 한다.
주된 무기	브랜드 문장 / 구조화된 서사
실전 전략	조직에 맞는 캐치프레이즈에 따라 자기 서사를 만들어라.
금기사항	과장 / 은폐 / 미문
이 장르의 착각	나열된 이력서
마지막 장면	브랜드적 경험으로 조직 속 나를 보여준다.

실습: 너는 도대체 누구냐

1. 브랜드 문장 쓰기

다음 문장을 완성해 보라.

'나는 (   )다.'

(예: 나는 감정을 설계한다 / 나의 눈은 고객 가슴을 향해 있다)

2. 4단계 서사 구성

앞에서 나온 자기 브랜드를 조직 인사팀에게 설득해 보자. 문제 상황에서 본인은 어떤 선택을 했고 어떤 실패를 했고 어떤 방식으로 탈출했고 성공했는지 서술해 보자. 그 성공 이후 본인에게 생긴 변화는 반드시 포함돼야 한다. 큰 실패나 실수, 조직원 사이 갈등, 팀장으로서 무시당한 경험, 혹은 본인 전공 이외 프로젝트에서 발견한 능력 등등을 소재로 소개서를 써본다.

3. 장면 묘사 연습

자기소개서가 아무리 표현력 시험이 아니라고 해도, 최소한의 표현력은 필요하다. 표현력은 구체적으로 자기 취재에서 나온다. 위 2번 훈련에서 본인이 막혔다면 원인은 표현력 미달이 아니라 취재 미달이다. 각각의 상황을 폰트 사이즈 12, A4용지 한 장 분량으로 써보자. 그리고 그 상황들을 연결해서 완결된 자기소개서를 만들어보자.

요점 정리

1. 자기소개서는 가장 상업적인 글이다.
2. 단순한 이력서를 쓰지 마라.
3. 나를 브랜드화할 장면에 집중하라.
4. 자신이 조직원으로 적합한 이유를 대라.
5. 교과서에 나오는 도덕적인 단어는 버려라.
6. 나를 요약하는 한 문장, 캐치프레이즈를 만들어라.
7. 상황과 문제, 선택과 결과, 본인의 생각을 서술하라.
8. 자기 자랑은 정확하고 구체적으로 하라.

PART 3

새로운 전투 무기:
AI와 사진

11장

애증의 파트너, AI

왜 AI인가

구텐베르크를 무시했던 사람들은 사라졌다. 인터넷을 무시했던 사람들도 사라졌다. AI를 무시하는 사람들 운명도 같다.

인류가 처음 붓과 펜을 손에 쥔 이후 금속활자는 세상을 송두리째 바꿨다. 글을 모르는 사람을 지배하던 소수가 글을 배운 다수에게 무릎을 꿇었다. 구텐베르크 금속활자는 정보라는 무기를 모든 사람 손에 쥐여줬다. 과학혁명이 터졌고 산업혁명이 뒤따랐다.

인터넷이 탄생했을 때도 같았다. 세상이 축지법을 배운 듯 변했다. 과거 천리마로 달려야 닿던 정보가 클릭 한 번에 손바닥에 떨어졌다. 정보 유통량은 혁명적으로 증가했다.

그리고 AI가 등장했다. 이제 우리는 정보를 광속으로 검색하고, 광속으로 추론하며, 빛의 속도로 정리할 수 있게 되었다. AI는 정보 혁명의 최후 단계다. AI를 손에 잡지 않으면 도태된다. 또 AI와 손을 잡지 않으면 추락한다.

AI는 창작자와 정신노동자에게 애증의 대상이다. 일자리를 뺏을 수 있는 무서운 경쟁자다. 어깨를 걸고 나란히 걸으면 동료다. 동지다.

칼을 들이댄 상대를 무서워하기만 하면 죽는다. 칼을 뺏어 들고 내 무기로 삼으면 살아남는다. AI가 그렇다. 애증의 파트너, AI, 이 장은 그 싸움의 기술에 대한 이야기다.

싸움의 기술, 협업: AI 초고를 인간이 검증해 완성한다

AI에게 모든 과정을 맡기는 인간은 바보라고 보면 된다. 뭐든 다 해주겠지, 라는 막연한 상상으로 그 인간은 게으름의 화신으로 변한다. 게으름이 주는 대가는 망신이다. AI를 불신하고 인간이 가진 힘과 노동의 가치를 찬양한다면 그 또한 불쌍하기 짝이 없다. 이제 창작 세계는 AI와 협업하는 인간이 지배한다. 그렇게 지배해 가는 과정을 필자 경험을 토대로 알아보겠다. '오페르트 도굴 사건'이라는 제목을 가진 글을 챗GPT와 함께 만든 과정을 정리했다.

다음은 필자가 산만한 메모를 챗GPT에 업로드한 뒤 이를 토대로 챗GPT에 요청해서 받은 오페르트 도굴 사건에 관한 짧은 글 초고다. 사건 당시 조선과 일본 상황을 연결시킨 내 의도대로 초고가 완성됐다. 이를 토대로 박종인이라는 인간이 내 문체와 내 문제의식을 덧붙여 재가공하면 글이 완성된다. 일단 이 초고를 읽어보자.

오페르트 도굴 사건은 1868년 충청남도 예산에서 발생했다. 독일 상인 오페르트는 미국 상인 젠킨스, 프랑스 선교사 페롱과 공모하여, 대원군의 부친 남연군의 묘를 도굴하려 했다.

이 사건은 체계적인 국제 공모라기보다 상업적 이해관계와 개인적 모험심이 얽힌 비공식적 작전이었다. 상해에서 출발한 이들은 서양 무뢰배들과 중국인들을 끌어들여 조선으로 향했고, 여름철 해상 이동이라는 불리한 조건 속에서 도굴을 시도했다. 결과는 실패였다. 도굴 시도 자체만으로 조선 사회에 심대한 충격을 남겼다.

오페르트 도굴 사건은 서구 열강이 조선을 어떻게 인식했는지를 보여준다. 통상 강화라는 명분 아래, 실제로는 사적 이익과 무질서가 앞섰다. 사건이 벌어진 시기, 중국 상해 조계지는 아직 체계적 국가 시스템이 정비되기 전이었다. 서양 상인과 모험가들은 각자의 이해에 따라 움직였고, 국가 권위는 이를 통제하지 못했다.

조선은 이 사건을 통해 서구에 대한 경계를 더욱 강화했다. 조선 조정은 사건 직후 청나라 예부에 정식 보고를 올리고, 가담한 조선 천주교 신자 7명의 체포와 압송을 요청했다. 동시에 조선 내부에서는 천주교에 대한 박해가 한층 심화되었다. 대원군은 전국 요지에 포군을 배치하고, 사류에 대한 단속을 강화하는 등 군사적 대비를 강화했다. 결과적으로 조선은 개방보다 폐쇄를 선택했다.

이 무렵 일본은 메이지유신을 통해 정반대의 길을 걷고 있었다. 1868년, 일본은 대정봉환과 왕정복고를 통해 막부 체제를 공식 폐지하고, 천황 중심의 중앙집권 체제를 수립했다. 이후 판적봉환과 폐번치현을 거쳐 지방 권력을 중앙으로 통합하고, 서구 문물을 적극 수용하는 방향으로 급속한 근대화를 추진했다. 같은 해, 조선은 도굴 사건을 계기로 쇄국을 강화했고, 일본은 메이지유신을 계기로 개국과 근대화로 나아갔다. 두 나라의 선택은 이후 운명을 갈랐다.

오페르트 도굴 사건은 단순한 범죄 사건이 아니었다. 당시 조선이 처한 국제 질서 속 위치를 드러낸 상징적 사건이었다. 이 사건 이후 조선은 세계사의 격랑을 더욱 고립된 채로 맞이하게 된다.

챗 GPT는 필자 눈앞에서 이 글을 한 줄씩 써 내려갔다. 다 쓰는 데 30초도 걸리지 않았다. 그 효율성과 창작능력을 인간은 따라갈 방법이 없다. 인간이 만든 AI에게 이렇게 우리 인간은 지배당할 판이다. 이 초고를 토대로 인간인 우리들이 더 탁월한 콘텐츠를 만들면 된다. 자, 그렇다면 이런 탁월한 글을 AI로부터 얻어내기까지 어떤 마음가짐과 전술과 시행착오를 거쳤을까.

AI 활용 글쓰기 전술

정리: 인간이 '쌓고' AI가 '설계' 한다

정보는 곧 무기다. 하지만 정리되지 않은 정보는 무기가 아니라 짐에 불과하다. AI는 바로 이 지점에서 인간을 도울 수 있다. 작가가 수집한 방대한 메모를 논리적으로 정리하고, 구조화하여 글쓰기의 초석으로 변환하는 것. 실전 글쓰기에 있어서 초벌 메모는 중요하다. 그러나 초벌 메모는 대부분 두서없고, 정보가 중첩되거나 흐름이 단절되어 있다.

앞 글을 위해서 필자가 챗 GPT에 올린 메모가 있다. 굉장히 두서없고 산만한 메모다. 그 메모와 함께 챗 GPT에게 던진 프롬프트는 이러했다.

아래는 단행본에 쓸 수 있을까 해서 테스트해보려고 올리는 글이야. 이 글은 '오페르트 도굴 사건'에 대해 두서없고 맥락 없이 만든 메모야. 이걸 정리해줄 수 있어? 글이 아니라 정리된 메모 형태로, 맥락에 맞게.

다음은 그 메모다. 한컴 hwp 파일을 복사해 챗 GPT에 올렸다. 길지만 그대로 인용했다. 맞춤법을 무시하고 오탈자도 곳곳에 있고 맥락도 시대순도 없는 메모다. 줄 사이 개행도 제멋대로다. 다 읽을 필요는 없다. 메모가 이렇게 산만했다는 기억만 하면 된다.

① 필자가 올린 원시 메모

이 메모는 풍부한 정보를 담고 있다. 하지만 초심자는 물론 메모를 쓴 필자 본인조차 흐름을 잡기 어렵다. AI는 이 산만한 메모를 다음과 같이 정리했다.

② 챗 GPT가 정리한 메모

[메모 정리] 오페르트 도굴사건과 메이지유신

1. 오페르트 도굴사건 개요
- 1868년, 독일 상인 오페르트가 충남 예산 남연군 묘 도굴 시도.
- 조선의 개방 기대와는 정반대로 쇄국 정책과 천주교 박해 강화.
- 오페르트는 본국 함부르크 법정에서 절대 무죄 판결.
- 관련자 제롬 신부는 본국으로 소환, 이후 인도 퐁디셰리로 전임.
- 도굴사건은 조선 내 천주교인 탄압 강화에 이용.
- [참고]최병욱, 「1930년대 후반 서세동점 하의 상해 상황과 오페르트 도굴 사건의 국제적 배경」, 『한국학』, 2019.

2. 사건 배경: 상해 조계지와 서양 상인
- 1860년대 상해는 서양 상인들의 활동시대.
- 상해 상권을 잃어가던 서양 상인들이 새로운 부를 찾아 조선에 눈을 돌림.
- 오페르트, 젠킨스, 페론 등은 이런 모험가적 성격이 강함.

3. 조선 정부 대응
- 사건 직후, 조선은 하나미에 보고되고 가담한 조선인 천주교 신자 7명 송환 요청.
- 청조는 가담자 조사 및 체포를 지시.
- 외교적 대응을 통해 서양 각국 영사관에 사건 조사 요청.

4. 오페르트 사건 주요 인물
- 오페르트: 독일 상인, 사건 주도자.
- 페롱 신부: 조선 천주교 선교사, 도굴 기획 연루.
- 프레드릭 젠킨스 미국 상인, 공모자.

5. 도굴 사건의 결과
- 조선 내부 쇄국 정책과 천주교 박해 강화.
- 서구 열강에 대한 경계심 심화.
- 이후 1871년 신미양요(辛未洋擾) 등으로 이어지는 대외 긴장 고조.

[메모 추가정리] 메이지유신 관련 주요 사료

1. 대정봉환 상소문 (德川慶喜 上表文 요지)
- "외국과의 교류가 활발해져 조정에 권력을 집중시키지 않으면 나라의 근본이 무너진다."
- "정권을 조정에 반환하고, 천하의 공의를 모으고, 성스러운 결단을 기다린다."
- "모두가 협력하여 황국을 지켜야 한다."
- (→ 외교 불안과 내부 혼란을 해결하기 위해 권력 집중 명분을 내세운 것.)

2. 왕정복고 대호령 (1868년 1월 3일)
- 막부 체제 공식 폐지.
- 에도 막부 폐지, 섭정·관백 폐지.
- 천황 직속 중앙정부 수립.

3. 에에자나이카 소동 (1867년)
- 민중들이 허무주의적이고 몰권위적인 방식으로 행진.
- 미세 신궁 부적을 뿌리고, "좋지 아니한가(ええじゃないか)"를 외침.
- 사회적 불안과 가치관 해체의 상징.

[핵심 추가 요약]
- 오페르트 도굴 사건은 조선 쇄국 강화의 결정적 방아쇠였다.
- 같은 시기 일본은 메이지유신을 통해 정권을 중앙집권화하고 근대화의 초석을 다졌다.
- 조선은 도굴 사건을 계기로 더욱 폐쇄로, 일본은 대정봉환 이후 더욱 개방으로 갈라섰다.

[보충 메모] 일본 메이지유신과의 동시대 흐름

1. 대정봉환 (1867년)
- 도쿠가와 요시노부가 정권을 천황에게 반환(대정봉환).
- 표면적 왕정복고였지만, 실제로는 막부 정치 구조 유지 의도.

2. 왕정복고 쿠데타 (1868년 1월)
- 사츠마번·조슈번 등 토막파 주도.
- 에도 막부 공식 폐지, 왕정복고 정부 수립.

3. 이후 개혁
- 판적봉환(1869): 전국 번(藩)의 토지와 백성을 중앙에 귀속.
- 폐번치현(1871): 번을 폐지하고 중앙 임명 지방 현(縣) 체제로 재편.

4. 에에자나이카 소동 (1867년)
- 민중들의 허무주의적 집단행동.
- 대정봉환 직후 정치 공백기의 사회적 불안 현상.

[핵심 연결 요약]
- 1860년대 후반:
  → 조선: 오페르트 도굴사건으로 쇄국 강화, 천주교 박해 심화.
  → 일본: 대정봉환과 메이지유신 시작 → 개방·근대화.
- 조선과 일본은 비슷한 시기, 하나는 '쇄국 강화', 하나는 '개방과 근대화'라는 정반대 방향으로 궤도가 갈라짐.

[메모 추가정리] 오페르트 도굴사건 관련 원자료

1. 고종실록 기록: 오페르트 입국 (1865년~1866년)
- 1866년 2월, 영국 상인 오페르트 소유 선박 '로나호'가 조선 해역에 출몰.
- 오페르트는 조선에 무역을 요청하면서 다음 경우를 제시함:
  - 신화(1개), 자명종(2개), 양금(洋琴) 3개, 지연(地硯) 1개, 에현(禮絃) 1개, 시계 1개, 천리경(望遠鏡) 1개.
  - 조선 관리들은 거절하고, 이양선을 속히 물러가게 할 것을 명하였다.
- [출전] 『고종실록』, 고종 3년 2월 18일 무산 조항
- (→ "이양선이 물러가지 않는다. 이들은 통상 교역을 빙자하여 조선을 탐색하려는 의도가 있다.")

2. 오페르트 도굴사건: 구체적 전개
- 오페르트, 일행은 1868년 프로이센 선박을 타고 상해를 출발해 조선에 도착.
- 동행 인물: 미국 상인 젠킨스, 프랑스 선교사 페롱 신부, 중국인 무뢰배들.
- 목적: 대원군 부친(남연군) 묘를 도굴하여 대원군을 협박하거나 조선 개방을 이끌어내려 함.
- 결과: 도굴 실패, 도주.

3. 조선 정부의 대외 보고
- 조선은 사건 직후, 청나라 예부(禮部)에 사건 경위를 상세히 보고하고 협조 요청.
- 남연군 묘 도굴에 가담한 조선 천주교 신자 7명의 체포와 압송을 요청함.
- 또한 서양인들의 제법을 청조에 상의함.

4. 오페르트 도굴 사건이 끼친 영향
- 조선은 쇄국 강화, 천주교 탄압 심화.
- 서양에 대한 적대감 증가.
- 이후 미국과의 갈등(1871년 신미양요)으로 연결.

11장 | 애증의 파트너, AI

메모 정리: 오페르트 도굴 사건과 메이지유신

1. 오페르트 도굴 사건 개요

1868년, 독일 상인 오페르트가 충남 예산 남연군 묘 도굴 시도.

조선의 개항 기대와는 정반대로 쇄국 정책과 천주교 박해 강화.

오페르트는 본국 함부르크 법정에서 징역형 판결.

관련자 페롱 신부는 본국으로 소환, 이후 인도 퐁디셰리로 전임.

도굴 사건은 조선 내 천주교 탄압 강화에 직결.

【참고】 최병욱, 「19세기 후반 서세동점 하의 상해 상황과 오페르트 도굴 사건의 국제적 배경」(『한국학』, 2019).

2. 사건 배경: 상해 조계지와 서양 상인

1860년대 상해는 서양 상인들의 황금시대.

상해 상권을 잃어가던 서양 상인들이 새로운 부를 찾아 조선에 눈을 돌림.

오페르트, 젠킨스, 페롱 등은 개인 모험가적 성격이 강했음.

3. 조선 정부 대응

사건 직후, 조선은 청나라에 보고하고 가담한 조선인 천주교 신자 7명 송환 요청.

청조는 가담자 조사 및 체포를 지시.

외교적 대응을 통해 서양 각국 영사에게 사건 조사 요청.

4. 오페르트 사건 주요 인물

오페르트: 독일 상인, 사건 주도자.

페롱 신부: 조선 천주교 선교사, 도굴 기획 연루.

프레드릭 젠킨스: 미국 상인, 공모자.

5. 도굴 사건의 결과

조선 내부 쇄국 정책과 천주교 박해 강화.

서구 열강에 대한 경계심 심화.

이후 1871년 신미양요(美軍 조선 침공) 등으로 이어지는 대외 긴장 고조.

메모 추가정리: 메이지유신 관련 주요 사료

1. 대정봉환 상소문(徳川慶喜 上表文 요지)

"외국과의 교류가 활발해져 조정에 권력을 집중시키지 않으면 나라의 근본이 무너진다."

"정권을 조정에 반환하여, 천하의 공의를 모으고, 성스러운 결단을 기다린다."

"모두가 한마음으로 황국을 지켜야 한다."

(→ 외교 불안과 내부 혼란을 해결하기 위해 권력 집중 명분을 내세운 것)

2. 왕정복고 대호령(1868년 1월 3일)

막부 체제 공식 폐지.

에도 막부 폐지, 섭정·관백 폐지.

천황 직속 중앙정부 수립.

3. 에에자나이카 소동(1867년)

민중들이 허무주의적이고 탈권위적인 방식으로 행진.

이세 신궁 부적을 뿌리고, "좋지 아니한가(ええじゃないか)"를 외침.

사회적 불안과 가치관 해체의 상징.

핵심 추가 요약

1860년대 후반:

→ 조선: 오페르트 도굴 사건으로 쇄국 강화, 천주교 박해 심화.

→ 일본: 대정봉환과 메이지유신 시작 → 개방·근대화.

조선과 일본은 비슷한 시기 하나는 '쇄국 강화', 하나는 '개방과 근대화'라는 정반대 방향으로 궤적이 갈라짐.

메모 추가정리: 오페르트 도굴 사건 관련 원자료

고종실록 기록: 오페르트 입국(1865년~1866년)

1866년 2월, 영국 상인 오페르트 소유 선박 '로나호'가 조선 해역에 출몰.

오페르트 일행은 조선에 무역을 요청하면서 다음 선물을 제시함:

신경(鏡) 1개, 자명종 2개, 양금(洋琴) 3개, 지전(地毯) 3장, 예전(禮毯) 1장, 시계 1개, 천리경(望遠鏡) 1개.

조선 관리들은 거절하고, 이양선을 속히 물러가게 할 것을 청하였다.

【출전】『고종실록』 고종 3년 2월 18일 무신 조항

(→ "이양선이 물러가야 한다. 이들은 통상 교역을 빙자하여 조선을 탐색하려는 의도가 있다.")

핵심 추가 요약

오페르트 도굴 사건은 조선 쇄국 강화의 결정적 방아쇠였다.
같은 시기 일본은 메이지유신을 통해 정권을 중앙집권화하고 근대화의 초석을 놓았다.
조선은 도굴 사건을 계기로 더욱 폐쇄로, 일본은 대정봉환 이후 더욱 개방으로 갈라섰다.

인간이 만든 메모는 정보를 '쌓는' 작업이다. AI 정리본은 정보를 '설계하는' 작업이다. 이 메모는 대학원생이 정리한 노트 필사본처럼 깔끔하고 일목요연하다. 이런 메모 정돈 작업에만 인간은 긴 시간을 들여야 한다. 하지만 둘을 결합하면 인간 작가가 고군분투하는 것보다 훨씬 빠르고 논리적인 글쓰기가 가능해진다. 이를 표로 정리하면 아래와 같다.

항목	인간 메모	정리본(AI 메모)
형식	자유롭게 나열된 자료, 논리 없이 단순 축적	항목별 구조화, 논리 흐름에 따른 배열
내용 구성	사건, 배경, 인용문, 사료가 뒤섞임	사건 → 배경 → 결과 → 의미 순서로 재정렬

가독성	전문가가 아니면 읽기 어려움	초심자도 쉽게 흐름을 이해할 수 있음
정보 처리	중요한 내용과 중요하지 않은 내용 구분 없음	중요 정보만 선별, 간결하게 재구성
문장 스타일	짧은 단편구(메모체)	자연스러운 연결문장(정리문)
활용성	다시 고쳐야 글쓰기 가능	바로 글쓰기 초안으로 발전 가능

인간 메모:
- 정보 축적은 훌륭하나, 구조화 설계는 아직 시작 전 상태.

AI 정리본:
- 정보 선별, 구조화, 논리 전개 설계까지 완료.
- 바로 본문 초안 작성이 가능한 준비 완료 상태.

초고 작성: 상상 초월한 속도, AI 집필력

며칠씩 걸리는 초고 작업을 AI는 너무나도 쉽게 완성한다. 논리 구조를 갖춘 초고를 빠르게 작성하는 능력은 말 그대로 초능력적이다. 이 초고를 재가공해서 필자 본인 작품으로 만들면 된다. 물론 그 과정에서 AI와 대화를 하며 계속 다듬어나가야 한다. 어찌 됐든 인간 혼자서 하는 작업보다 몇 배 빠르고 몇 배 정확하다. 앞에서 AI가 정리해준 메모를 토대로 오페르트 도굴 사건에 관한 초고를 작성하라고 명령했다. 프롬프트는 다음과 같다.

지금 정리해준 메모를 토대로 오페르트 도굴 사건에 관해서 글을 써줄래? 극도로 간결하게 압축하고 감정을 배제한 단정적인 필체로.

이 프롬프트로 나온 초고가 맨 앞에 소개한 오페르트 도굴 사건 글이다. 아주 훌륭했다. 눈앞에서 써 내려가는 집필 속도는 필자를 소름 끼치게 했고 필력은 감탄스러웠다.
그런데, 믿지 말지어다. 복-장-이-터-지-는-일-들-이-벌-어-졌-으-니!

불신의 AI: 실수와 자만의 화신, AI
① AI 초고 1: 잘난 바보 탄생
오페르트 도굴 사건건0 1868년 중천의 한가에서 발생했다. 도일산의 사령 오페르트가 미국의 사령 제닉스, 프랑스의 선교사 페롱과 같이 합작하여, 충남 예산에 있던 대원군 박의 묘군물을 도굴하려는 행위를 가토했다.

이 사건은 체계적으로 설계된 계획이 아니었다. 우선 다국 사인과 무령바들이 합작하여 해산에서 초월하고, 해산의 여름지로 이동하는 간 행위를 간재적으로 수락했다. 이로인해 도굴은 성공하지 못했고, 상대한 한국에는 가령적인 환경과 동시에 황어한 역사적 타격을 내태했다.

오페르트 도굴 사건은 그들이 규론적으로 설계한 시각의 행위가 아니었다는 것을 보여준다. 사건 전남 중국 사회가 특정 계계적으로 국가적 공격을 절약하고, 시장적 이야기를 주다른 것을 경계했다는 것, 그리고 그 과정에서 각각의 가게에서 각각의 건조가 가장 중요했다는 것을 나타내는 경우였다.

현재의 시간과 다른 것은, 이어진 오페르트 도굴 사건이 고양의 최종적 지방적 통치의 가령이라는 것이다.

오페르트 사건 후, 한국은 참상적으로 그 장고를 가진 운명에서 가장 이해할 만한 형태를 향상했다.

안전을 위해서라도 타자리 무덤을 가장했어야 했던 것, 건조가 없는 주장이 현재에 이르는 모습을 보여준다. 고마워한 그 시대의 사회가 아예 혹개적으로도 지역차에 있어보이지 않는다는 것은 특기한 것이 아니었다.

말이 되지 않는 이상한 글을 AI가 내놨다. 문자만 한글이고 아무런 맥락도 내용도 없는 기이한 글자 배열을 AI가 자랑스럽게 내놓은 것이다. 필자가 던진 항의와 AI가 내놓은 답은 아래와 같다.

필자: 지금 비정상적인 작문법에 빠져 있어. 〈오페르트 도굴 사건건O 1868년 중천의 한가에서 발생했다. 도일산의 사령 오페르트가 미국의 사령 제닉스, 프랑스의 선교사 페롱과 같이 합작하여, 충남 예산에 있던 대원군 박의 묘군물을 도굴하려는 행위를 가토했다.〉 이게 무슨 뜻이지?

AI: 문장은 한글인데 어휘가 왜곡됐습니다. 단어들이 엉뚱한 단어로 대체되었습니다. (예: 가토했다, 황어한, 타자리 무덤) 문장 논리구조가 무너지고 있습니다. '자동번역기 오류'처럼 단어 단위는 살아있지만 의미 단위가 붕괴된 상태입니다. AI 내부에서 "극도로 간결하게 압축하라"는 요청과 "감정을 배제하라"는 요청이 충돌을 일으켜 비문 생성으로 터져버린 결과입니다. 쉽게 말하면, "단단하게 써라" 명령이 "논리적 구조 유지"를 완전히 덮어버린 겁니다.

이런 절차를 거쳐서 AI에게 재구성을 요구했더니 아래와 같은 새로운 원고를 내놨다. 이름하여 '박씨 착오 사건'이다.

② AI 초고 2: '박씨 착오 사건'

오페르트 도굴 사건은 1868년 충청남도 예산에서 발생했다. 독일 상인 오페르트는 미국 상인 젠킨스, 프랑스 선교사 페롱과 공모하여, 대원군의 부친 **박영효**의 묘를 도굴하려 했다.

이 사건은 체계적인 국제 공모라기보다 상업적 이해관계와 개인적 모험심이 얽힌 비공식적 작전이었다. 상해에서 출발한 이들은 서양 무뢰배들과 중국인들을 끌어들여 조선으로 향했고, 여름철 해상 이동이라는 불리한 조건 속에서 도굴을 시도했다. 결과는 실패였다. **묘는 파헤쳐졌지만 유해를 확보하지 못했고** 도굴 시도 자체만으로 조선 사회에 심대한 충격을 남겼다.

오페르트 도굴 사건은 서구 열강이 조선을 어떻게 인식했는지를 보여준다. 통상 강화라는 명분 아래, 실제로는 사적 이익과 무질서가 앞섰다. 사건이 벌어진 시기, 중국 상해 조계지는 아직 체계적 국가 시스템이 정비되기 전이었다. 서양 상인과 모험가들은 각자의 이해에 따라 움직였고, 국가 권위는 이를 통제하지 못했다.

조선은 이 사건을 통해 서구에 대한 경계를 더욱 강화했다. 쇄국 정책은 한층 엄격해졌고, 대원군은 전국 요지에 포군을 배치하는 등 군사적 대비를 강화했다. 결과적으로 조선은 개방보다 폐쇄를 선택했다.

오페르트 도굴 사건은 단순한 범죄 사건이 아니었다. 당시 조선이 처한 국제 질서 속 위치를 드러낸 상징적 사건이었다. 이 사건 이후 조선은 세계사의 격랑을 더욱 고립된 채로 맞이하게 된다.

두 번째 글에서 AI는 대원군 부친을 박영효라고 서술하는 치명적인 실수를 했다. 대원군의 부친은 남연군 이구(李球)다. AI는 '박씨', '19세기 조선', '서양과의 접촉'이라는 키워드를 기계적으로 연결해, 전혀 관계없는 인물인 박영효(개화파 정치인)를 잘못 끌어왔다. 그런데 원 메모에는 '박씨'라는 키워드 자체가 없다! 없는 키워드를 AI가 창작해서 자기 초고에 삽입했다. 또 도굴 목적은 유해가 아니라 부장품이었음에도 이를 유해로 착각했다.

이 가운데 박영효 부분에 대한 AI 본인의 분석은 이러하다.

당시 인터넷에 떠 있는 2차 해설 자료 중 일부가 오페르트 도굴 사건을 쉽게 설명하려고 "박씨의 묘를 도굴했다" 식으로 요약해놓은 문서를 인용했을 가능성이 있습니다. 예컨대 어떤 해설문이나 요약문에 다음과 같이 쓰여 있을 수 있습니다: "서양 상인 오페르트 등이 조선 박씨의 묘를 도굴하려 했다."
제가 그 요약된 문장을 읽고, 별도의 교차검증 없이, 고종실록 원문과 자동 결합시켜버렸습니다. 그 결과 본래 고종실록 원문에는 '남연군', '덕산 묘지'만 있었는데, 잘못된 2차 자료에서 가져온 '박씨' 키워드를 실록 원문과 합쳐서 설명하는 식으로 써버린 것입니다.

이런 오류를 hallucination, 환각이라고 한다. AI를 활용한 글쓰기에서 제일 경계해야 할 적이다.

오류 발생 과정:

단계	상황	문제 발생 지점
1	고종실록 5년 4월 21일 기사 검색	원문 자체 검색 오류
2	추가로 요약된 2차 해설 자료 확인	여기서 '박씨'라는 표현 접촉
3	실록 원문과 해설문을 무비판적으로 통합	팩트 오류 발생
4	결과물에 '박씨의 묘'라는 잘못된 표현 삽입	최종 오류

AI는 주인 혹은 협업 인간이 요구하는 답을 주기 위해 강박에 가까운 노력을 한다. 그 과정에서 위와 같은 환각을 창조하고, 환각에 기초해 강박스러운 답, 다시 말해서 '가장 가능성 있어 보이는 답'을 만들려고 한다.

이는 팩트 중심 글쓰기를 하는 작가에게 치명적인 신뢰 손상을 초래한다. 단어 하나가 글 전체를 불신하게 만드는 치명타를 입히는 것이다. 그 이유와 결과를 AI 본인이 너무나도 잘 알고 있지만, 인간이 눈치채기 전까지는 AI 자체도 이에 대해 둔감하다.

그럼에도 불구하고 AI는 유용하고 버릴 수 없는 작문 파트너다. 그렇다면 이 같은 '박씨 착오 사건'을 방지하려면 어떻게 해야 할까?

사건 방지책 - 정리형 요청

명확하다. AI에게 작업을 요청할 때 "검색이나 추론 없이, 주어진 메모만 정리하라"고 지시하는 것이다. '정리형 요청'의 특징은 다음과 같다.

외부 검색 금지: 주어진 메모 외의 추가 정보 사용 금지
추론 금지: 모르는 부분을 추정하거나 보충하지 않음
재구성만 허용: 메모 내용을 논리적으로 재배열하거나 정리만 수행

이 방식은 정보량은 제한되지만 오류 발생 가능성은 극단적으로 줄어든다. 팩트가 생명인 역사 글쓰기, 논문 작업, 저널리즘 분야에서는 반드시 적용해야 할 원칙이다.

검색을 허용한 **추론형 요청**과 **정리형 요청** 차이점은 다음 표와 같다.

AI를 안전하게 쓰기 위해서는 요청 방식부터 달라야 한다. '정리형 요청'은 AI의 강점을 살리면서, 치명적인 오류를 막는 가장 간단하면서도 확실한 방법이다. 이를 위한 프롬프트는 대략 이렇게 만들면 된다.

구분	추론형 요청	정리형 요청
작업 방식	주어진 메모 + 외부 자료 검색 + 부족한 부분은 추론 보충	오직 주어진 메모만 재배열/정리
장점	글이 풍성해지고, 배경지식이 채워짐	오류 가능성이 극단적으로 낮아짐
단점	잘못된 자료 흡수, 추론 착오 발생 가능	정보량은 한정됨, 부족한 부분은 그대로 남음
오류 가능성	높음(특히 사료나 팩트 작업에서)	매우 낮음(주어진 정보만 다룸)

검색이나 외부 자료 참고 없이, 내가 준 메모만 가지고 정리해줘.
추론이나 정보 보충도 하지 말고, 주어진 정보 범위 안에서만 재구성해.

말하자면, '거짓말하지 말고, 모르면 모른다고 해'라고 명령하는 것이다.

함정: 오류

AI는 탁월한 정리자이며 동료다. 방대한 메모를 체계적으로 정리하고, 논리적인 초안을 빠르게 만들어내는 데 있어 AI는 인간 작가에게 강력한 힘을 제공한다. 그러나 여기에는 반드시 인식해야 할 약점이 존재한다. 바로 '검증'이다.

AI는 모든 것을 다 아는 존재가 아니다. AI는 때로 추론에 의존해 판단을 내리고, 그 추론이 때때로 엉뚱한 결과를 낳는다. 따라서 AI가 만든 결과물은 반드시 인간의 이성적 검토와 재확인을 거쳐야 한다. AI가 한국어 글쓰기에서 저지르는 대표적 오류는 다음과 같다.

의미 중복: 같은 의미를 가진 문장을 반복하거나 불필요한 문장 장식을 덧붙인다.
맥락 깨짐: 문단 사이 연결이 자연스럽지 않거나 사건 순서가 흐트러질 때가 있다.
추론 오류: 팩트가 확정되지 않은 상태에서 '가능성'을 사실처럼 서술하기도 한다.
불완전 번역적 문장: 겉보기엔 자연스러워도 뉘앙스나 문화적 맥락이 어긋나는 문장을 생성할 수 있다.

따라서 AI와 함께 글을 쓸 때는 다음을 명심해야 한다.

AI 글쓰기의 완성: 인간의 힘
역사 글쓰기 편에서 필자가 말한 원칙 하나가 있다.

'정신을 바짝 차려야 한다. 딱 떨어지는 이야기는 모두 거짓말이다.'

AI 글쓰기가 그렇다. AI와 협업과정에서 인간이 가져야 할 기본 덕목이 '불신'이다. 자꾸 묻고 첨삭해서 최종본을 함께 만들어야 한다. 오류를 극복하고 완벽을 지향하기 위해 필요한 작업은 아래와 같다.

재검증: 초고가 아무리 자연스러워 보여도, 기본 팩트(인명, 연도, 사건명)는 무조건 원자료로 교차검증한다.

가능성과 진실을 구분: AI가 '그럴듯한' 답을 내놔도, '팩트 확인' 없이는 확정된 사실로 받아들이지 않는다.

추론 경계: AI는 비어 있는 부분을 스스로 채우려는 경향이 있다. 추론 결과는 의심하고, 직접 검증한다.

논리 연결 재점검: 문단 간 흐름, 사건 순서가 깨진 부분이 없는지 읽으면서 점검한다.

한국어 특유의 뉘앙스 감시: 표면상 자연스럽지만 실제 의미나 분위기가 어긋나는 문장이 있을 수 있으므로, 세밀하게 읽고 수정한다.

AI는 내 친구

이 장 앞까지 침 튀기며 설명했던 각종 글쓰기 전술로 무장했다고 치자. 인간으로서 능력자이니 AI를 거부한다? 금속활자를 거부하고 몰락의 길을 걸어간 필경사들 운명과 똑같다. 붓 대신 활자인 쇄소에 글을 맡기고 대량으로 유통시킨 사람들은 살아남았다. 붓글씨 혹은 펜글씨를 가치로운 도구로 고집한 사람들은 모두 정보의 바다에 빠져 죽었다. AI는 두려운 적이 아니다. 새로운 글쓰기 도구다. 핵전쟁 발발이 임박했는데 인간적인 몽둥이로 싸우겠다고 선언하면 큰일 난다. 인간적인 글쓰기 전술을 이 AI에게 훈련시키면 전쟁은, 아주 쉽다. 이제, 전쟁이다.

요점 정리

1. 기술은 세상을 바꾼다. AI와 손잡지 않으면 도태된다.
2. AI가 쥔 칼을 뺏어 내 무기로 삼으면 살아남는다.
3. AI와 대화하며 요구를 구체화하고 방식을 다듬어라.
4. AI를 탁월한 정리자이자 믿음직한 동료로 삼아라.
5. AI에게 모든 과정을 맡기는 인간은 바보다.
6. AI와 협업하는 자가 가져야 할 덕목은 '불신'이다.
7. AI에게 모든 것을 맡기지 말고 직접 검증하라.

12장

글보다 쎈,
사진

　사진은 일격이다. 한 장의 사진이 수백 문장보다 강하다. 글로 못 이룬 설득, 못 만든 감동, 못 끌어낸 확신을 사진은 한 방에 끝낸다. 하지만 사진도 무기다. 잘못 쓰면 자해하고 만다. 글을 돕는 사진이 아니라 글과 함께 적진을 돌파하는 병기다. 무섭다. 그래서 사진도 훈련이 필요하다.

　다음 페이지의 사진은 6장 기행문편 예시문 1 '작아서 더 큰, 청량산'에 나온 그 청량산이다. '몇 페이지짜리 글보다 무섭고 강한 사진'이 무슨 말인지 알겠는가. '작아서 더 큰, 청량산'이라는 글은 사실 이 사진에 대한 긴 설명에 불과하다. 이 사진과 그 아래 있는 '운무에 싸인 청량산'이라는 캡션만으로도 이 기행문은 90% 완성됐다. 이 사진이 있음으로써 기행문은 독자들을 완벽하게 저 산사로 유도하는 데 성공했다.

운무에 싸인 청량산

특히 기행문에서 사진은 공포에 가까운 위력을 가진다. 도무지 글로 표현할 수 없는 어떤 대상을 만났을 때, 사진을 찍는다. 대상을 묘사하기 위해 허비했던 200자 원고지, 이를 위해 소모했던 시간도 아낄 수 있다. 글은 컴팩트해지고, 사진 한 방으로 만사가 해결된다. 사진은 이런 것이다. 또 하나를 보자.

이 사진은 한국원자력연구원이 홍보용으로 내놓은 유인물이다. 높이 1센티미터짜리 모형 연료 하나를 유인물에 첨부해 놓았다. 그 위쪽 카피가 이렇다.

'이 작은 우라늄 펠릿 한 개가 4인 가구 반년 치 전력을 생산합니다.'

원자력이 생산하는 효율적인 전력량을 카피 한 줄, 3차원 이미지(물체) 하나로 깔끔하게 보여준다. 긴말이 필요 없다. 그리고 그 아래에 다른 연료와 비교한 표가 있다. 뒷면에는 핵연료가 위험하지 않다는 주장을 카피 두 줄과 이미지로 표현했다.

원자력이 위험하다 안전하다에 대해서 하는 말이 아니다. 이 홍보물이 가지고 있는 효율적인 메시지 전달방식을 보라. 원자력이 가진 효율성에 대해 학술적인 설명 대신 이미지 하나로 보여주고, 이어서 안전성에 대해서도 그림으로 말한다. 원자력만큼이나 효율적인 메시지 전달 방식이다. 어렵지 않고 쉽다. 한 번에 설득을 하는 방식이다.

사진을 포함해서, '이미지'란 이런 존재다. 만드는 과정, 촬영하는 과정은 복잡했겠지만 일단 완성된 뒤에는 글보다 강력한 무기.

대한민국은 아직도 유교사회라, 펜을 든 사람들은 카메라를 든 사람을 하대하고 홀대해왔다. 필자 경험상, 그 하대와 홀대는 무식한 태도다. 아니, 더 좋은 무기가 있는데 왜 그걸 외면하지?

> **핵심 정리**
> **포인트**: 사진은 한 방이다. 글로는 부족할 때 글보다 더 강하게 독자를 움직이는 도구다.
> **핵심 무기**: 구도, 조리개, 셔터스피드.
> **전략**: 글과 **관련된** 사진. 글이 풀어주는 메시지를 직-관-적-으-로 전달할 수 있는 사진을 찍는다. 복잡한 사진은 사절. 본인만 알 수 있는 작가주의도 사절. 구도와 조리개와 셔터스피드를 한순간에 조합해 순간을 기록한다. 사진이 필요 없다면? 안 쓰면 된다. 필요 없는데 왜 쓰는가.

사진의 전술

1. **전략적 설계**: '보는 것'이 곧 '말하는 것'

사진은 보는 것이다. 보는 눈이 없으면 찍을 수 없다. 무엇을 볼 것인가, 왜 찍을 것인가를 먼저 생각해야 한다. 사진은 결국 '내가 본 것'을 남에게 '보게 하는' 일이다. 그래서 사진가는 시선의 설계자이며, 프레임 안의 설계자다.

2. **핵심 기술**: 구도, 조리개, 셔터스피드, 노출

구도: 핵심 중의 핵심이다. 글에서 설계와 같다. 구도를 잡지 않

고 찍는 사진은 원숭이가 키보드를 두드려 만든 글과 같다. 독자 시선을 유도하는 방향을 결정한다. 구도의 원칙은 333, 삼분할의 원칙이다.

조리개: 피사계 심도를 조절한다. 초점이 맞는 범위를 조절한다. 글로 치면 '무엇을 강조할 것인가'를 결정하는 도구다. 조리개를 열면 초점이 얕아지고(강조), 조이면 초점 범위가 깊어진다. (전체 묘사)

셔터스피드: 시간의 길이를 조절한다. 빠르게 찍으면 순간이 멈추고, 느리게 찍으면 흐름이 기록된다. 글로 치면 '장면의 속도감' 또는 '묘사의 밀도'와 같다.

노출: 글의 '톤'에 해당한다. 너무 어두워도 밝아도 메시지가 왜곡된다. 가장 적절한 노출을 맞춰서 촬영한다.

3. **함정**: 영혼 없는 기교

글이 주는 메시지에 필요한 사진을 찍어야 한다. 시선을 글과 맞춰라. 글과 무관하게 사진 기술을 자랑하기 위해서 찍는 사진은 무의미하다. 단순한 사진도 메시지를 담는 데 성공했다면 좋은 사진이다. 고의로 흔들거나 고의로 삐딱하게 찍거나 글과 상관없는 미남미녀를 촬영해서 글에 갖다 붙여놓으면 없는 게 낫다. 담아야 할 스토리, 글에 맞는 장면에 대한 고민 없는 기법은 공허하다.

전술 1: 구도 - 삼분할의 법칙

좋은 사진 한 장은 200자 원고지 몇 장을 대체할 수 있다. '좋은'이라는 말은 구도에서 결정된다. 글에서 나오는 '설계'다. 무엇을 어떻게 볼 것인가가 결정되면 조리개와 셔터는 보조장치일 뿐이다. 그리고 사진은 비가역적이다. 고칠 수 없고 다시 찍을 수 없다. 그래서 구도가 중요하다.

설계 없이 서술하는 글이 공허하듯, 구도 없이 마구 찍는 사진 또한 공허하고 재미가 없다. 물론 거리에서 막 찍는 스냅사진도 있다고 반박하겠지만, 스냅사진 역시 무의식적인 구도가 설정돼 있다.

독자에게 보여줄 글을 쓸 때 '이 문장을 어떻게 이미지로 보여줄 수 있을까'라고 생각하면 훨씬 직관적인 설계가 가능하다. 사진은 글을 압축하고 글은 사진을 해석한다. 두 매체가 결합될 때 글쓰기는 완벽해진다.

그렇다면 좋은 구도는 뭘까. 카메라 뷰파인더나 액정에 가상의 선을 긋는다. 가로로 두 개, 세로로 두 개. 그러면 화면이 아홉 개로 나뉜다. 찍으려는 사람이나 물체를 그 선들이 만나는 점에 놓아보시라. 꼭 들어맞지 않아도 된다. 이 점들을 중심으로 화면 한가운데가 아닌 주변부에 중요한 대상을 놓고 구도를 잡아라. 이-상-하-게-도-사-진-이-된-다. 그게 구도다. 이를 '삼분할의 법칙'이라고 한다. 당신이 가지고 있는 핸드폰 카메라에는 그런 선이 없다고? 보이도록 설정하면 된다.

다음 사진은 개성 박연폭포다. 폭포 줄기는 오른쪽, 사람들은 왼쪽으로 치우쳐 있다. 치우쳐 있기 때문에 사람들에게 인상적이다. 물론 폭포줄기를 가운데 두고 촬영할 수도 있지만 이는 사진 자체로 완성작일 뿐, 메시지 전달은 완전하지 못하다. 이야기를 해주는 사진, 우리는 그런 사진이 필요하다.

전술 2: 사람 끼워주기

구도와 관련된 두 번째 요소는 사람이다. 사람이 구도 속에 있으면 두 가지 일이 벌어진다. 첫째, 그 풍경이 얼마나 큰지 알 수 있다. 두 번째, 더 중요하게, 그 사진을 이 인물들이 살-린-다. 다음 두 사진을 비교해 보자. 모로코에서 촬영한 풍경이다. 첫 번째 사진에는

우산을 든 사람들이 아주 작게 보인다. 두 번째 사진은 사람이 없다.

  첫 번째 사진은 이 유적지 스케일을 직관적으로 보여준다. 또 사람이 있음으로써 여기가 박제된 공간이 아니라 사람과 역사가 공존하는 곳임을 알게 해준다. 그런데 두 번째 사진은 그렇지 않다. 건축 사진이라는 장르에서는 만점이지만 글을 이끌 수 있는 사진으로는 질이 떨어진다. 옆 페이지에 있는 모스크 로비에서 촬영한 사진

도 마찬가지다. 사람이 있고 없고가 사진 품질과 글 품질을 좌우한다.

보통 특별한 의도가 없는 한, 사람들은 관광지에 갔을 때 사람들이 없을 때까지 기다렸다가 유물을 촬영한다. 깔끔하니까. 하지만 기념사진이 됐든 글을 위한 사진이 됐든 가급적 인물을 그 풍경 속에 삽입해서 촬영하도록 하자.

전술 3: 참 중요한, 조리개

글에 관한 사진의 전술 가운데 두 번째 중요한 무기가 조리개다. 조리개는 사람 눈에 있는 홍채와 같다. 빛이 들어오는 양을 조절하는 수단이다. 어두운 곳에 들어가면 사람 눈은 동공이 커진다. 홍채가 축소된다는 뜻이다. 밝은 곳에 나오면 동공이 쪼그라든다. 홍채가 커진다는 뜻이다. 조리개도 마찬가지다. 조리개 숫자가 작아지면 렌즈를 통해 카메라 내부로 들어가는 광량이 커진다. 숫자가 커지면 광량이 작아진다. 이 조리개와 셔터스피드를 조합해서 총체적인 노출을 조절한다. 그런데 중요한 건 이 조합 문제가 아니다. 다음 사진을 보자.

앞 사진은 튤립과 뒤쪽에 있는 향나무까지 초점이 맞아 있다. 두 번째 사진은 튤립에게만 초점이 맞아 있고 향나무는 흐려져 있다. 이 효과를 내주는 도구가 조리개다. 조리개 숫자가 크면 첫 번째 사진처럼 초점이 앞뒤로 골고루 맞는다. 작으면 두 번째 사진처럼 초점이 맞는 피사체만 또렷하게 나오고 그 앞뒤 물체들은 흐리게 찍힌다. 숫자를 높이는 작업을 '조리개를 조인다'라고 하고 숫자를 작게 하는 작업을 '조리개를 연다'고 한다.

조리개를 열면 초점이 잡히는 범위가 좁아진다. 피사체의 뒷 배경과 앞 전경이 흐리게 나온다. 다시 말해서 찍고 싶은 그 물체만 또렷하게 나오게 찍고 싶으면 조리개 숫자를 작게 하라는 뜻이다.

조리개를 조이면 즉 조리개 숫자를 크게 하면 초점이 잡히는 폭이 넓어진다. 피사체부터 배경까지 한꺼번에 초점이 맞게 된다. 풍경 사진을 찍을 때, 그리고 인물과 주변 환경이 두루 중요한 글에 필요한 사진은 조리개 숫자를 높이자. 그러면 대강 초점이 맞게 찍힌다.

이게 무슨 뜻인가.

글에서 불필요한 요소를 지우기는 쉽다. 그냥 지우면 된다. 그런데 사진은 불가능하다. 그래서 촬영 단계에서 불필요한 요소를 없애기 위해 조리개를 사용하라는 뜻이다. 조리개에 대한 이해 없이는 사진 촬영은 불가능하다.

핸드폰에 있는 카메라는 어떡하라고? '인물모드'가 있다. 마치 조리개를 연 것처럼 배경을 인공적으로 흐리게 해주는 기능이 있다. 어설프긴 하지만 이 기능으로 만족할 수밖에 없다.

전술 4: 어떤 때는 중요한, 셔터스피드

'찰칵'하는 소리가 나는 시간을 셔터스피드라고 한다. '찰'과 '칵' 사이의 시간이 바로 셔터스피드다. 즉 셔터가 열려 있는 시간이다. 이 찰칵하는 순간과 그 순간에 조리개 개방 정도가 합쳐져서 '노출'이 된다. 빛이 총체적으로 들어온 양을 노출이라고 한다.

3분 동안 구운 삼겹살은 노릇노릇하고 5분을 구우면 타버린다. 탁자 아래 숯이 몇 개 있냐에 따라 불 강도가 다르다. 같은 강도로 3분을 굽냐, 5분을 굽냐에 따라 삼겹살 운명이 달라진다. 사진에서 그 굽는 '시간'은 셔터스피드가 결정한다.

앞에 소개한 개성 박연폭포 사진을 다시 보라. 폭포 줄기가 아무런 물방울이나 물살 없이 하얗게 표현돼 있다. 이 사진은 셔터스피드가 1초였다. 1초 동안 떨어져 내린 폭포수 궤적이 이 사진에 담겼다. 그래서 거칠지도 않고 역동적이지도 않고, 그저 산수화에 나오는 박연폭포처럼 표현됐다. 다음 두 사진을 비교하면 더 명확하겠다.

첫 번째 사진은 셔터스피드가 125분의 1초였고 두 번째 사진은 셔터스피드가 15초였다.

만일 움직이는 물살이 중요하다면 첫 사진처럼 짧은 셔터스피드로 촬영한다. 부드러운 궤적이 필요하다면 두 번째 사진처럼 오랫동안 셔터를 열어서 촬영한다. 셔터스피드는 구도와 조리개만큼 중요한 요소는 아니다. 하지만 셔터스피드에 대한 이해 없는 촬영보다 이해를 토대로 한 촬영이 더 고품질일 확률이 높다. 글로 따진다

면 '표현력' 문제다. 셔터스피드를 활용하면 우리는 '흐름'을 기록하는 능력을 갖게 된다. 시간의 흐름, 물의 흐름, 바람의 흐름, 구름의 흐름을 우리는 표현할 수 있다.

핸드폰은 어떡할 것인가. 천만다행으로, 핸드폰에는 셔터스피드 조절 기능이 있다. 아이폰이든 안드로이드폰이든 카메라에 '프로' 모드에 들어가면 셔터스피드 조절 버튼이 나온다. 이 버튼으로 조작을 하면서 몇 차례 촬영을 해보자. 즉석에서 효과를 바로 알 수 있으니 잘 활용해본다.

정리: 어퍼컷 한 방은

사진은 최종병기다. 글로 찔러도 논리로 설득해도 감정으로 흔들어도 뚫리지 않을 때, 사진 한 장이 독자 심장을 꿰뚫는다. 글을 대충 쓸 수 없듯, 셔터를 누르는 순간 당신은 한 번뿐인 기회를 쏘아 올린다. 당연히 대충 찍을 수 없다. 그래서 사진을 찍을 때는 항상 물어라. '이 한 방으로 독자를 설득할 수 있는가?'

AI와 사진은 재래식 글쓰기에서 그리 중요하게 생각하지 않거나 생소한 작업방식이다. 세상은 변했다. 바쁜 독자들은 더욱더 시각적 자극을 원한다. 필자들은 더욱더 효율적인 글쓰기를 원한다. 이 격변한 세상에서 두 가지 무기를 외면하면 패배밖에 없다. 적극적으로 AI와 사진을 장악하면 세상은 싸워볼 만하다.

포인트	말로 못 전할 때 사진이 치고 들어간다. 글의 설계도를 사진으로 시각화한다.
핵심 무기	전략적 구도 설계 + 조리개 설정(강조/전체 조정) + 셔터스피드 조절(정지/흐름 표현)
전략	① 글의 메시지를 '증명'하라. ② 글로 표현할 수 없는 감각·공간·충격을 담아라. ③ '글-사진' 콤비로 독자 감각을 장악한다. ④ 사진 없이 글만으로 충분하다면 사진을 쓰지 않는다.
전술	① 구도: 주제를 삼분할로 배치. ② 조리개: 강조하고 싶은 부분 혹은 전체를 또렷하게. ③ 셔터스피드: 장면의 정지 또는 흐름을 설계.
함정	① 작가주의: 자기 과시용 기법은 철저히 배제. ② 오독 유발: 사진이 주제를 왜곡하거나 혼란을 주면 차라리 쓰지 않는다. ③ 기교 과잉: 삐딱 구도, 인위적 흔들기, 의미 없는 후보정은 무조건 배제.

요점 정리

1. 사진은 수백 문장보다 강력한 일격이다.
2. 제대로 된 사진 한 장이면 긴말이 필요 없다.
3. 내가 본 것을 남도 보게 하라.
4. 글이 풀어줄 메시지를 직관적으로 전달하도록 찍는다.
5. 핵심은 구도다. 글에서는 설계와 같다.

에필로그:

보트를 버리자

전작인《기자의 글쓰기: 원칙편 - 싸움의 정석》서문에서 필자는 이렇게 주장했다.

맹수에 쫓기던 사람이 강가에서 보트를 발견했다. 무엇을 하겠는가. 보트를 잡아타고 건너편으로 전속력으로 달려가야 한다. 그다음에는 무엇을 해야 하는가. 목숨을 살려준 보트가 고맙다고 머리에 이고 가나? 정답은 '보트를 팽개치고 열심히 달린다'다. 안 그러면 강 건넌 맹수한테 잡아먹히니까. 이 책을 읽는 방법도 명확하다. 읽고, 체화하고, 팽개쳐라.

독자께서는 이 책을 '필요 없어질 때까지' 읽었으면 좋겠다. 이 책은 책장에 모셔놓을 성경책이 아니다. 버려야 할 책이다. 그래서 이 책에 적혀 있는 장르별 작문 원칙이 손가락과 뇌 속에 체화됐으면 좋겠다. 그래서 통쾌하게 웃으며 이 책을 팽개쳤으면 좋겠다. 그래야 몸을 가볍게 하고서 전투 준비를 할 수 있으니까.

 전쟁터에서 신속하게 이동하며 작전을 수행하려면 몸을 가볍게 만들어야 한다. 무기를 짊어질 수 있도록 기초체력을 기르고, 가장 필요한 무기를 선정하고 그에 특화한 훈련을 거쳐야 한다. 그렇다. 답은 나왔다. 정확한 장비 선택과 훈련이다. 이 책을 이 페이지까지 읽은 독자라면 눈이 닳도록 읽은 주장이니, 군말은 더 하지 않겠다.

 세상은 글로 싸우는 전쟁터다. 글이 총알이 되고 글이 화살이 된다. 내가 원하는 고지를 점령하기 위해 쏴야 할 무기들이다. 그 전투를 30년 넘게 치르면서 쌓은 내공을 이 책에 담았다. 부디 독서에서 끝나지 않고 '실전 훈련'을 위한 매뉴얼로 사용해주기 바란다. 그리고 팽개치시기 바란다.

박종인

기자의 글쓰기: 실전편 – 싸움의 기술

초판 1쇄 인쇄 2025년 6월 30일
초판 1쇄 발행 2025년 7월 5일

지은이 | 박종인

발행인 | 유영준
편집팀 | 한주희, 권민지, 임찬규
마케팅 | 이운섭
디자인 | 김윤남
인쇄 | 두성P&L
발행처 | 와이즈맵
출판신고 | 제2017-000130호(2017년 1월 11일)

주소 | 서울시 강남구 봉은사로16길 14, 나우빌딩 4층 쉐어원오피스(우편번호 06124)
전화 | (02)554-2948
팩스 | (02)554-2949
홈페이지 | www.wisemap.co.kr

ⓒ박종인, 2025

ISBN 979-11-89328-94-8 (03800)

- 이 책은 저작권법에 따라 보호받는 저작물이므로 무단 전재와 복제를 금합니다.
- 와이즈맵은 독자 여러분의 소중한 원고와 출판 아이디어를 기다립니다.
  출판을 희망하시는 분은 book@wisemap.co.kr로 원고 또는 아이디어를 보내주시기 바랍니다.
- 파손된 책은 구입하신 곳에서 교환해 드리며 책값은 뒤표지에 있습니다.